増田ユリヤ
Julia Masuda

チョコレートで読み解く
世界史

ポプラ新書
253

はじめに

「ショコラショー、シルヴプレ（ホットチョコレートをお願いします）」

このフランス語のフレーズを、いったい何度使ったことでしょう。

20年ほど前から、取材のためにフランスに通い始めた私は、難民や移民をテーマに各地を訪ね歩いてきました。フランスと言えば首都パリの光景が思い浮かびます。しかし、私が足を運んだのは、鉄板の観光地シャンゼリゼ通りとは程遠い、観光客や一般のフランス人さえも寄り付かないような場所でした。

通訳や取材相手との待ち合わせは、初めての場所でもわかりやすいメトロ（地下鉄）駅前のカフェを指定されることが多く、時間に余裕をもって行くと、先に到着してひとりでオーダーをしなければなりません。そこで、フランス語を話せない私が、メトロの中で何度も（心の中で）復唱し、ボンジュールと言いながら店に入って、勇気を振り絞って店員さんに話しかけたのがこのフレーズだったのです。

ショコラショーをCafé（コーヒー）やThé（紅茶）などに言い換えれば、他のものも注文できます。しかし、頑ななまでに私は、ショコラショーと言い続けてきました。なぜなら、どんな寂《さび》れた町に行っても、ホットチョコレートだけはハズレなく美味しく飲むことができたから。取材は朝早くから始まることも多いのですが、決して治安がよいとはいえない町で、これから始まるインタビュー取材を前に、一杯の温かいホットチョコレートが私の身も心も解きほぐしてくれたのです。

本書の執筆のために、ヨーロッパに数回取材に行きました。最初の取材で訪れたのがフランスのバスク地方。スペインでカトリックに弾圧されたユダヤ人たちが逃げたのがこの地方で、彼らがチョコレートをスペインからフランスに運んだと言われています。

スペインは、ヨーロッパで最初にチョコレートがもたらされた国。コロンブスが中米からスペインにカカオ豆を持ち帰りました。歴史の授業で「コロンブスの交換」を習ったことを覚えていますか。

歴史に苦手意識をおもちの方もいらっしゃることでしょう。でも、チョコレートというスイーツを通して歴史を見ると、きっとこれまでとは違った風景が見えてくるはずです。

私は、27年ほど高校で世界史を教えていました。教科書の記述にとらわれずにモノの歴史や私自身の経験を通して世界を見ていくと、生徒たちもよく話を聞いてくれました。それが食べ物であればなおさらのこと。自他とも認める食いしん坊な私ですから(笑)、楽しげに話す私の姿を見て、生徒たちも普段の授業以上に関心をもってくれたのかもしれません。

もちろん教科書の内容は大事ですが、私たちの身近なものとして歴史をとらえられると、より理解も深まります。この本は、当時私が行っていた授業を思い出しながら、再現するような気持ちで書きすすめました。

ところでヨーロッパの歴史は、キリスト教と切っても切り離せない関係にあります。でも、クリスマスはイエス・キリストの誕生を祝う日だと知っていても、それ以上のことは知らないという人が多いのではないでしょうか。

個人的な話になりますが、私の「ユリヤ」という名前は、クリスチャンネームをそのままつけたものです。父親がギリシャ正教の信徒だったので、幼いころから自宅で祈りをささげる習慣がありました。また、中学・高校はプロテスタント系の学校に通っていたので、聖書を読んだり讃美歌を歌ったりする機会も多くありました。私自身、讃美歌を歌うのは今でも好きですが、だからといって教会に通うような熱心な信徒ではありませんし、宗教に対するこだわりもありません。でも、キリスト教が日常生活の中にあったので、私にとって一番なじみのある宗教であることは確かです。

こんな私がチョコレートという食べ物を軸にして、歴史と宗教の関係をつづったのがこの本です。もう20年以上、海外取材を続けてきましたが、今ほど世界情勢が複雑で緊迫した時代はないように思います。国同士の対立の背景には必ず歴史と宗教の問題がある、と言っても過言ではありません。

本書を通して、皆さんが少しでも歴史や宗教を身近に感じ、今の世界情勢を理解する手がかりをつかんでくださったら、とてもうれしく思います。

それでは、チョコレートを通して、歴史と宗教を一緒に味わいましょう。

2024年1月

ジャーナリスト　増田ユリヤ

チョコレートで読み解く世界史／目次

第2章　コロンブスがカカオをヨーロッパへ　35

第3章　キリスト教抜きには語れない中世ヨーロッパ　53

第4章　ユダヤ人がチョコレートをフランスへ　109

第5章　王家の結婚がチョコレートを広めた　131

第6章　プロテスタントが発展させたチョコレート産業　153

第1章

マヤ・アステカ文明で飲まれていたカカオ

「神々の食べ物」カカオ

今から270年ほど前のこと。スウェーデンの植物学者カール・フォン・リンネは、チョコレートの原料となるカカオの学名を「テオブロマ」と名付けました。ギリシア語で「神々の食べ物」という意味です。なぜこのような名前をつけたのでしょうか。それは、カカオとチョコレートの歴史をたどっていくとわかります。

人類が初めてカカオの実を口にしたのは、今から数千年前のメソアメリカでのこと。メソアメリカは、今の中米の、メキシコ南部からユカタン半島、グアテマラ、エルサルバドル、ホンジュラスのあたりを言います。オルメカ文明、マヤ文明、アステカ文明などが栄えた地域ですね。

最初のうちは、人間も動物たちと同じく、自生していたカカオの実を割って中の白いパルプ（果肉）を食べていました。

カカオには、部位ごとに名前があって、カカオの実全体をカカオポッドと言います。カカオポッドは硬くて厚い殻におおわれています。ナタで割ると中からパルプが顔を出します。このパルプを口にしたのがヒトとカカオとの最初の出会い。白いパルプは、味も食感もライチに似ていて、甘酸っぱくてフルーティー。当時の人たちもパルプの美味しさのとりこになったことでしょう。

その後、メソアメリカの人たちは、パルプを搾《しぼ》った液体（カカオジュース）を発酵させて、お酒を作りました。最近、日本でもカカオジュースが人気で、チョコレートショップをはじめ、ネット販売などでも手に入るようになったので、飲んだことがある方もいらっしゃるかもしれません。私もチョコレートについて取材中のフランスで、初めてカカオジュースを飲みました。すっきりとしたトロピカルジュースのような味わいで飲みやすく、美味しかったです。

チョコレートの原料となるカカオ豆はパルプの中にあります。最初のうちは、パルプを食べるにしても搾るにしても、カカオ豆は捨てられていました。カカオ豆自体は、硬くて苦くて食べられなかったのです。

カカオ豆をすりつぶして飲む

それがいつしか、カカオ豆に熱を加えると、芳醇《ほうじゅん》な香りと味が楽しめることに気付きます。

カカオ畑が山火事で燃えたときによい香りに包まれたからだとか、パルプを発酵させてお酒を作るときに、その過程で発酵したカカオ豆を煎《い》ってみたらいい匂いがしたとか、その理由については諸説あるようです。いずれにしてもカカオ豆が、焙煎《ばいせん》することで美味しくなることに気付き、煎ったカカオ豆をすりつぶして飲み物として飲むようになりました。これが、チョコレートの原点。

そうです！　最初のチョコレートは、固形のものではなく、飲み物だったのです。

初期のころの飲むチョコレートを、この本ではカカオドリンクと呼ぶことにします。カカオドリンクは、現在のホットチョコレートやココアなどとは全く違うものでした。煎ってすりつぶしたカカオ豆に水を加え、さらにトウガラシやトウモロコシの粉末などを加えて混ぜたもので、全く甘くない飲み物でした。

まだ砂糖のない時代ですから、甘味をつけるとしても、せいぜいハチミツを加える程度だったとか。煎るといい匂いがするカカオ豆も、味は渋くて苦く、それだけでは美味しくありません。そこで、トウガラシやトウモロコシを加えることで、少しでも飲みやすく、栄養価も高くする工夫をしていたようです。

現在でも、チョコレートやココアはポリフェノールや食物繊維が豊富で、抗酸化作用があって健康にいいとか、アンチエイジングにもいいなどと言われていますが、メソアメリカの人たちも、カカオ豆で作った飲み物が滋養強壮に役立つことを知っていたのではないかと言われています。美味しく飲むものではなく、薬効を期待した健康ドリンクだったんですね。

メソアメリカ文明とは

ここで、カカオの原産地だった中米のメソアメリカ文明の歴史をひもといてみましょう。

紀元前1200年ごろまでに、メキシコ湾岸にオルメカ文明が誕生します。

この地域で最も古い文明です。代表的な遺物は、巨石人頭像。首から上だけを石像にしたもので、世界史の教科書に掲載されている写真を見たことがあるのではないでしょうか。

少し遅れて、ユカタン半島を中心に成立したのが、マヤ文明です。オルメカ文明の影響を受け、メソアメリカで最も長く繁栄した文明です。最盛期は4〜9世紀ごろ。日本の古墳時代から奈良・平安時代にあたります。

ユカタン半島を中心に都市国家が栄え、二十進法による数の表記や太陽暦、マヤ文字といわれる絵文字など独自の文明が発達しました。メソアメリカの文明は謎も多く、宇宙人が作ったのではないか、などとも言われてきましたが、遺跡の発掘調査やマヤ文字の解読がすすんだ結果、さまざまなことがわかってきました。例えば「ゼロの概念」は、これまでインドが最初だと考えられてきましたが、実はマヤ文明の方が数百年早くゼロを用いていたことがわかったそうです。

マヤのパカル王はカカオのおかげで長生きした

　メキシコ南部にある、マヤ文明の古代都市パレンケ遺跡。１５００もの建造物が発見されていて世界文化遺産に登録されています。第二次世界大戦後、１９５０年代から発掘調査がすすみ、階段状の神殿（ピラミッド）の中から石棺《せっかん》に収められた王の遺体が発見されました。７世紀にパレンケを統治していたキニチ・ハナーブ・パカル１世（パカル王）です。石棺の蓋にはパカル王が生命の木を登りながら再生する物語が描かれていて、蓋を開けるとマヤ特産の翡翠《ひすい》の仮面と首飾りを身につけたパカル王が眠っていたそうです。

　その後の調査研究で、パカル王は80代まで長生きしたことがわかっています。長寿の秘訣はカカオドリンクだと考えられていて、マヤの遺跡から発見された土器の中からはカカオの成分が検出されていますし、土器や人形の彫像《ちょうぞう》には、カカオを表す文字やカカオポッドの絵が彫ってあることが確認されています。

　カカオドリンクの作り方をもう少し詳しく説明しましょう。まず、フライパンのような形をした土鍋の上でカカオ豆を煎ります。次に、煎って温かいカカオ豆を、石のまな板の上で石棒を麺棒を使うように転がしてつぶします。すると、カカオ豆は油脂分を多く含んでいるためドロドロの状態になります。すりつぶしたカカオだけでは苦いし、油脂分が多いし、口当たりも悪いので、トウモロコシを粉末状にしたものやトウガラシ、アチョーテ（ベニノキ科の植物で赤色の食用色素を多く含む）などを混ぜて、水や湯に溶かして、棒を使ってよく泡立ててから飲んでいました。泡立てることで油脂分を拡散させ、少しでも口当たりよく飲みやすくする工夫をしたのです。

棒でかき混ぜて泡立てる方法のほかに、高いところから器に注いで泡立てる方法もとられました。カフェオレをいれるときにコーヒーとミルクの入ったそれぞれのポットを高いところから注いで泡を立てていれるのと同じですね。

マヤのパカル王がカカオドリンクを飲んでいたことからもわかるように、高価なカカオを手に入れて口にできるのは、王や貴族など特権階級の人たちだけでした。

アメリカ大陸の古代文明

16世紀にマヤ文明、アステカ王国、インカ帝国は、
いずれもスペインにより滅ぼされた。

アステカ文明でもカカオは王侯貴族のものだった

マヤ文明のあとに起こったアステカ文明でも、カカオドリンクは王侯貴族のものでした。富裕層の中には、なかなか手に入らないバニラやハチミツを入れて甘味を加えて飲んでいた人もいたようですが、まだまだ庶民が飲むものではありませんでした。

アステカ文明は、マヤ文明と一緒に記述されることが多いのですが、繁栄した時代も場所も同じではありません。14世紀ごろ、マヤ文明のユカタン半島より北西にあたるメキシコ高原を中心に栄えたのがアステカ文明です。

カカオ自体がとても貴重なもので神への捧げものとされていた時代です。メソアメリカの人々は、神事にいけにえや心臓を捧げる儀式を行っていました。これはいのちの源である血や心臓への信仰があったためだと考えられています。先ほどカカオドリンクにアチョーテつまり食紅《しょくべに》を混ぜて飲むと紹介しましたが、マヤやアステカの人々は、信仰心から赤く染めたカカオドリンクを血に見立てて飲み干していたのです。

カカオ豆は貨幣としても使われていた

　メソアメリカでは、よく乾燥させたカカオ豆を貨幣としても使っていました。お金を連想させる意味をもつ漢字には「貝」という字が部首に使われていることからもわかるように、世界各地で貝を貨幣として使っていたことはよく知られています（貨幣の「貨」の字もそうですね）。素材自体が変化しづらいもので加工しなくても使えるものだったからでしょう。

　お金として使うには、そのもの自体に普遍的な価値があることも必要な条件です。カカオは神への捧げものとして非常に貴重なものだという認識が共通の価値観として人々の間で共有されていたので、当時のメソアメリカの人たちは金や銀と同様にカカオ豆を貨幣として使っていたのです。

　例えば、16世紀半ばのこの地域の市場では、カカオ豆1粒でトマト1個、2粒で鶏の卵1個、100粒で野ウサギ1匹を買うことができました。カカオの白い果肉を食べ、豆を煎って飲み物にし、乾燥させた豆はお金としても使う。メソアメリカの人たちは、カカオの魅力を存分に引き出していたのです。

スペインがアステカ王国を滅ぼす

マヤ文明には統一国家は生まれませんでしたが、アステカ文明はアステカ王国を築きました。文化的にはマヤ文明を継承し、ピラミッド型の神殿を造り象《しょう》形《けい》文字（ものの形から生まれた文字）を使用しました。

アステカ王国では、首都テノチティトラン（現在のメキシコシティ）を中心にメキシコ各地につながる道路網を整備し、周辺各地に勢力を拡大して特産物を貢納させました。貢ぎ物にはカカオもありました。16世紀、テノチティトランは世界最大級の人口をもつ大都市に発展したと言われています。

この地を征服し、アステカ王国を滅亡させたのが、いわゆる「大航海時代」のスペインです。

南米ではインカ帝国が栄えた

一方、南米の西海岸寄りに位置するアンデス山脈を中心とした高地にも、独自の文明が形成されました。このアンデス文明圏は、現在のペルー、ボリビア、エクアドル、チリ（北部）などにまたがる地域です。15世紀半ばから16世紀にかけて繁栄したインカ帝国の名前はご存じの方も多いのではないでしょうか。天空都市マチュピチュの遺跡などは世界文化遺産にも登録されていて、世界中から観光客が訪れる人気の名所です。

文字をもたない文明だったので謎も多いのですが、インカ帝国の首都クスコを中心に道路網が整備されていました。当時の南米に馬や牛は存在せず、高地にもかかわらず飛脚がリレーして1日に250キロを走って情報を伝達したそうです。首都クスコと今のエクアドルの間は20日間で往復したと言われています。

インカ帝国でも、カカオは貴重な飲み物でした。この地も、マヤ文明やアステカ王国と同様にスペインに征服されました。

コラム　カカオの実と「カカオベルト」

カカオの実を見たことはありますか。長さが15～25センチ前後、直径が10～15センチくらいの楕円形で、小さなラグビーボールのようなイメージです。1つ1つの実は、木の幹から直接生えてきます。品種によって色が違い、黄緑やワインレッド、クリーム色などさまざまです。

実はカカオは、オクラやハイビスカスの仲間で、アオイ科に属する植物です。ハイビスカスといえばハワイを連想しますし、日本のスーパーで見かけるオクラも、鹿児島県産や沖縄県産など暖かい地方のものが多いですよね。カカオの産地はさらに南の赤道をはさんで南北に20度の熱帯地域に集中しています。

この一帯は「カカオベルト」と呼ばれ、カカオの起源である中南米やカリブ海周辺の国々、アフリカなどがあたります。カカオベルトはコーヒーの生産国が集まっている「コーヒーベルト」とほぼ重なっています。ただ、コーヒーの産地は標高の高い涼しい地域ですが、カカオは降水量が多くて気温の高い場所、

カカオベルトと主なカカオ生産国

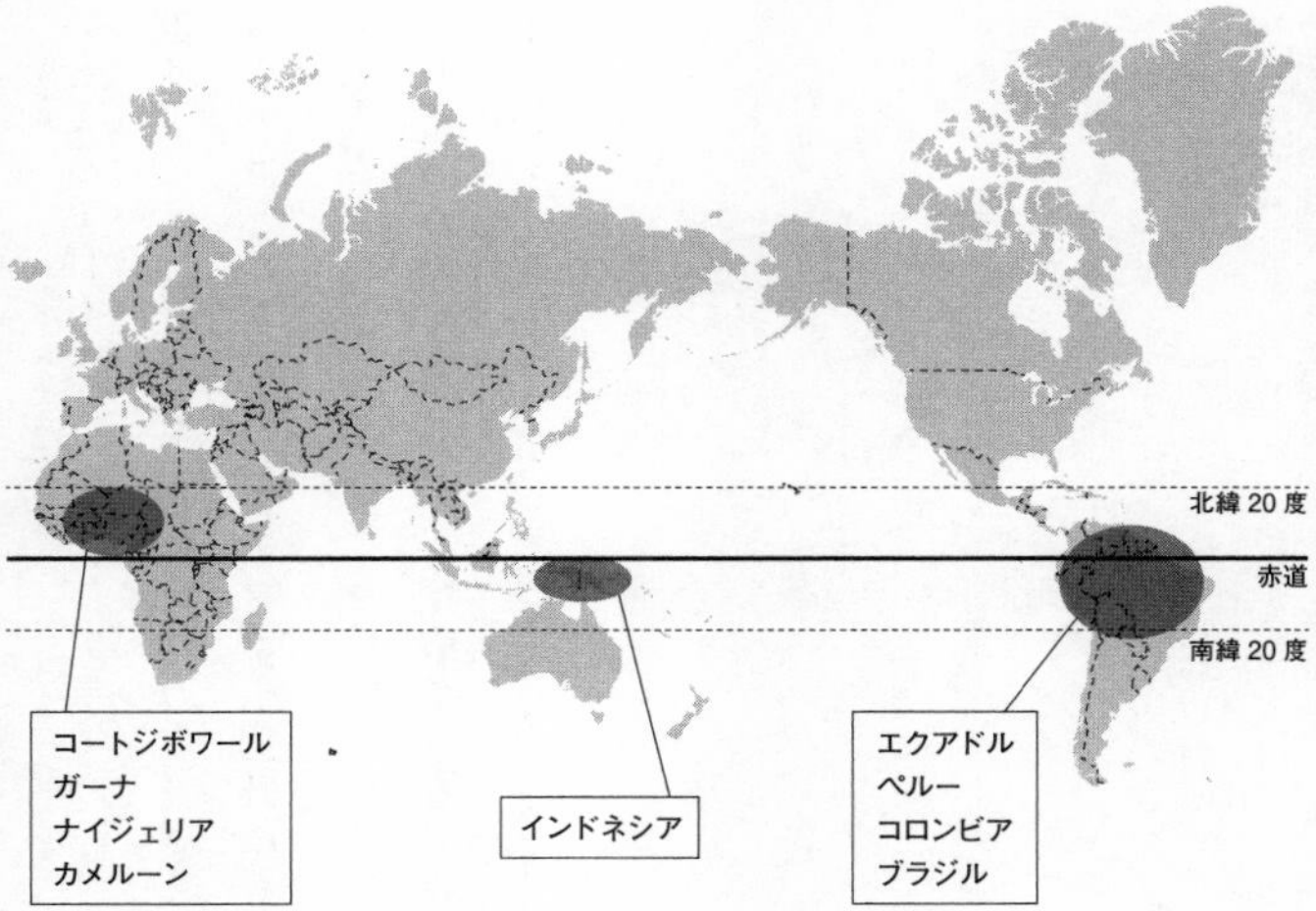

カカオの産地は赤道をはさんで南北に 20 度の熱帯地域に集中しており、この一帯は「カカオベルト」と呼ばれる。

つまり蒸し暑いところで育ちます。

そんな話を聞くと、カカオは強い植物のようなイメージを抱くかもしれません。しかし、カカオはとってもセンシティブ。意外にも、直射日光や乾燥、寒さに弱い植物なんです。

ちなみに、ひとつのカカオポッドから採取できるカカオ豆は20～50粒ほど。板チョコレートに換算すると2～5枚程度を作ることができる分量です。

第2章　コロンブスがカカオをヨーロッパへ

カカオがヨーロッパにもたらされた「大航海時代」

神への捧げものとして、滋養強壮など薬効のある飲み物として、また通貨としてもカカオを大切にしてきたマヤ文明やアステカ文明の人たち。彼らが愛してきたカカオがヨーロッパにもたらされるきっかけとなったのが、「大航海時代」の到来でした。

15世紀末から始まるヨーロッパによる海洋進出。これが、17世紀まで続く「大航海時代」です。コロンブスの新大陸到達（発見）といえばピンとくる方も多いかもしれません。

しかし、最近の世界史の教科書や資料集などを見ると、見出しやタイトルは「スペイン・ポルトガルの海洋進出」という表現で、「大航海時代」は必ずしも本文にはなく、脚注などで言及されています。これは、「大航海時代」という言い方が、ヨーロッパ中心の視点だという批判があるためです。

これまで日本の私たちが学んできた世界史は、ヨーロッパつまりキリスト教社会で語られてきた歴史をもとに教科書が作られてきました。しかし、国際情勢の大きな変化や、人権や平等、宗教、世界平和といった観点から見ていくと、同じ出来事を語るときでも表現や言葉の使い方を再考する必要が出てきたのです。

コロンブスが生きた「大航海時代」とは

イタリア・ジェノヴァ出身の船乗りコロンブス。実は正確な生まれ年も幼少期についても、詳しいことはわかっていません。貧しい毛織物職人の子として生まれたコロンブスは、幼いころから父の仕事を手伝う一方、船乗りの仕事にあこがれていました。

当時のジェノヴァは地中海最大の商港で、常に水夫が不足している状態だったため、コロンブスも10代のころから見習い水夫として航海に出るようになったようです。各地を回って旅をする商船には、商人だけでなく、航海技術者や通訳なども一緒に乗っていました。航海の間に、彼はラテン語をはじめ、気象学や天文学、地理学、数学など航海に必要なあらゆることを学んだのです。

その学びの中に、フィレンツェ出身の地理学者トスカネリの唱えた「地球球体説」があり、コロンブスは大いに刺激を受けました。地球が球体であれば、大西洋を西に向かえばインドに到達する。そうすれば、当時ムスリム商人を介して手に入れていた胡椒《こしょう》などの香辛料を直接手に入れることができる。またその先には黄金の国ジパングつまり日本があって、山ほどの金や真珠を手に入れることができる。そんなことを想像し、それを実現させたいとコロンブスは考えたのです。

コロンブスの愛読書は、マルコ・ポーロの『世界の記述』。学校では『東方見聞録』と習った方が多いと思いますが、今は『世界の記述』と言われています。コロンブスが持っていた本にはたくさんの書き込みがあったといいます。

そのころ、中世ヨーロッパでは、豚を飼育して食べていましたが、越冬させるための飼料を確保することが難しかったので、種豚《たねぶた》以外は厳しい冬を迎える前に燻製にしたり、塩漬けにしたりして加工していました。肉の保存のため、また味付けのために胡椒やクローブなど香辛料の需要が高まったため、15世紀以降、南アジアや東南アジアの産地への航路開拓が始まりました。

ムスリム商人を介すると、手数料や関税が発生するので割高になりますが、直接やり取りをすればその分安価になり、手に入れやすくなるからです。当時、ムスリム商人は、中央アジアやアフリカ、インド、さらには東南アジアや中国との交易を行っていました。

コロンブスはなぜ、航海に出たのか

商船の船長として地中海を我が物顔に行き来するまでに成長したコロンブスでしたが、ある日トルコ（オスマン帝国）産の乳香《にゅうこう》（フランキンセンス。イエスが誕生したときに贈り物として捧げられた。キリスト教の礼拝でも焚くことがあり、薬効もあって貴重なものだった）をイギリスに運ぶために地中海を西に航行していたら海賊に襲撃され海に投げ出されてしまいました。流れ着いた先がポルトガル南部の海岸。一命をとりとめたコロンブスは、ポルトガルの首都リスボンで地図設計士をしていた弟の話に刺激を受け、インド航路開拓の航海に出る決意をします。

ポルトガルは、スペインに先んじて15世紀のはじめからエンリケ航海王子の計画・指揮のもと、北アフリカの開拓を始め、アフリカ大陸の西側を南に向かっていく航路の開拓に取り組んでいました。当時のポルトガルは、サハラ砂漠の南、現在のガーナにあたるゴールドコースト（黄金海岸）を拠点に金《きん》の直接取引をしようと考えていました。16世紀には、世界の10分の1の金がガーナ産だったと言います。

15世紀末、ガーナにポルトガル人の拠点として建てられたエルミナ城は、ヨーロッパ人がアフリカ大陸で建築した最古の建物として世界文化遺産に登録されていますが、その後、この地はアメリカ大陸への奴隷貿易の拠点にもなったため、負の遺産という側面ももっています。

エンリケ航海王子自身は船酔いがひどく航海に出たことはありませんでしたが、王子の死後、バルトロメウ・ディアスがアフリカ南端に近い喜望峰に到達し、ヴァスコ・ダ・ガマがムスリムの水先人の案内で、アフリカ南端を回ってインドのカリカットに到達し、インド航路開拓を成し遂げたのも、王子の計画・指揮があったからこそだったのです。

コロンブスは、ポルトガルのリスボンでイタリア人の貴族の娘と知り合い、結婚しました。すでに妻の父親は故人でしたが、かつてエンリケ航海王子に仕えていて、義父が書きとめた航海の記録などが残っていました。

その資料からも様々なことを学んだコロンブスは、インド航路の開拓に出ようと、当時のポルトガル王ジョアン2世に大西洋を航海するための船の建造を提案しました。ジョアン2世はエンリケ航海王子の事業を引き継いだ王でしたが、許可はおりませんでした。

スペインがコロンブスの航海を支援

そんな折、妻が病に倒れて若くして亡くなり、失意のどん底にあったコロンブスは、心機一転をはかるために幼い息子とスペインに移住します。スペインで再チャレンジしようと考えた彼は、イサベル女王（イサベル1世）に自身の計画を提案し、援助を得られることになったので、インド航路探検の旅が実現に向かうことになったのでした。先述のフィレンツェの地理学者トスカネリが手製の海図とアジアへの最短ルートを記した書簡をコロンブスに送ったこともコロンブスの背中を押したと言われています。

イサベル女王がコロンブスの提案を受けた当時、スペインが位置するイベリア半島では、レコンキスタ（国土回復運動）が大詰めを迎えていました。8世紀以降、イベリア半島に進出していたイスラム勢力の領土をキリスト教勢力が奪回しようというのがレコンキスタ。コロンブスの提案に対し、レコンキスタが終わったら航海の許可を出す、とイサベル女王は返事をしました。

1492年、イベリア半島南部に最後まで残っていたイスラム王朝のナスル朝の都グラナダが陥落（世界文化遺産であるアルハンブラ宮殿はナスル朝の宮殿ですね）。この結果、レコンキスタが完了しました。約束どおり、コロンブスはイサベル女王の支援を受けることができるようになったのです。

コロンブスがイサベル女王と交わした「サンタ・フェの協約書」

しかし、グラナダ陥落直後、コロンブスの計画は、イサベル女王の支援を受けるために諮問委員会にはかられましたが、却下されてしまいました。失意のうちに、今度はフランス王の支援を受けようとスペインをあとにしますが、途中でイサベル女王に呼び戻され、話し合いの結果、計画の合意文書を取り交わすに至ります。

その約束が「サンタ・フェの協約書」で、複製がスペイン・セビーリャのインディアス古文書館に残っています。この協約では、航海が成功した場合、コロンブスに貴族の位と太陽提督（航海の総司令官）の称号、発見した地（島や陸地）の総督・副王の称号を与え、彼の子孫は代々その地位・資産を継承することが約束されました。

さらに、発見した土地の産物を交易して得た利益の10分の1、あらゆる商行為の権利と利益分配の権利なども認められました。これらはすべて、コロンブス自身が成功報酬として求めたもので、その主張がすべて認められたのです。

スペインの目的は「金」と「キリスト教の布教」

1492年8月、サンタマリア号と2隻の船を従えて、スペインのパロス港を西に向かって船出をしたコロンブスは、およそ2か月半をかけて現在のバハマ諸島に到達。最初に到達した島を「サンサルバドル島」と命名しました。サンサルバドルは、スペイン語で「聖なる救世主」という意味。キリスト教が強く信仰されていた時代らしい名前ですよね。

スペインが国をあげてコロンブスの探検を援助した目的のひとつは、キリスト教の布教活動でした。特に、ローマ帝国が東西に分裂したあと、東ローマ帝国の流れを汲んで長らく続いていたビザンツ帝国が、イスラム勢力であるオスマン帝国に滅ぼされてまだ間もない時期だったので、キリスト教の「正しく清らかな」教えを世界に広めなければ、という焦りもありました。そのため、船団のメンバーにキリスト教の聖職者も同行していたのです。

第1章で触れたように、カリブ海や中南米のこの地域の人々は、他の地域と交わることなく独自の信仰をもち、文明を築いてきました。それが、コロンブ

コロンブスの航海（1回目の航路）

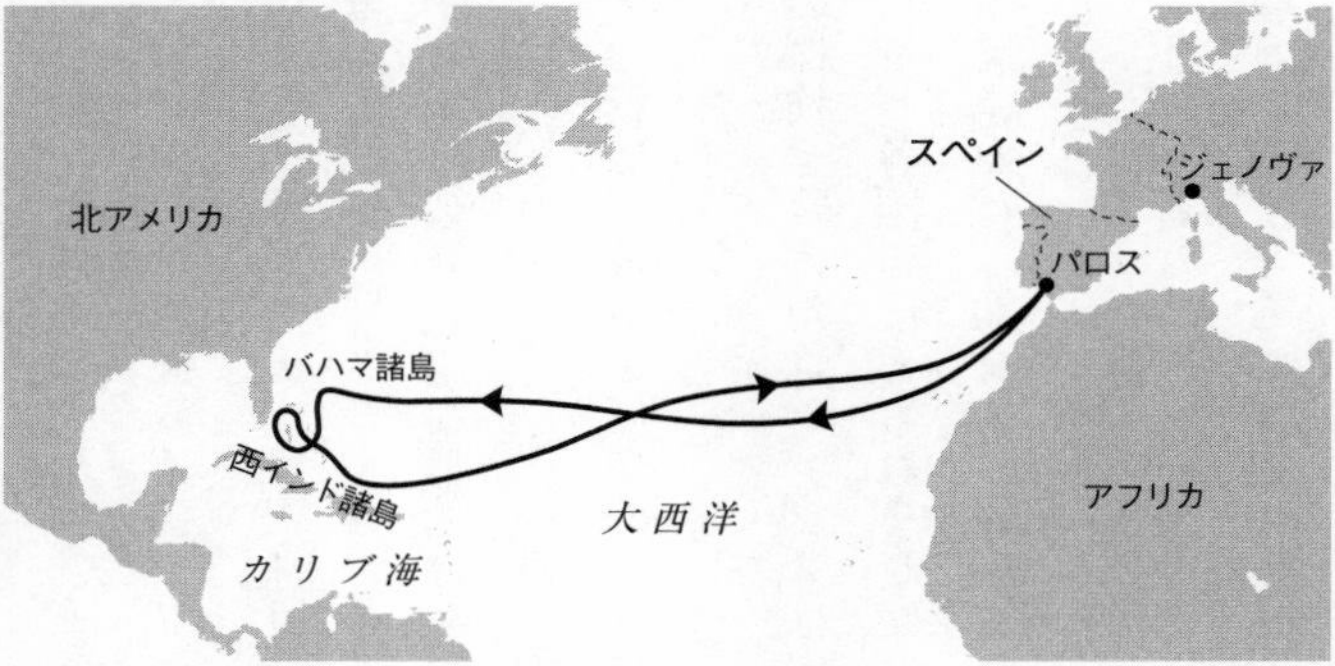

コロンブスは1492年にスペインからバハマ諸島に到達。
その後も、3回に渡り航海に出た。

スがこの地に到達したことをきっかけに、大きく様変わりしていきます。コロンブス一行を迎えたバハマ諸島の原住民（インディオ）は、とても清らかで素直な人々でした。最後までこの地をインドだと信じていたコロンブスは、原住民をインディオと呼びました。

しかし、ヨーロッパから来た彼らの主な目的は「金《きん》」と「キリスト教の布教活動」。鼻に金の輪をつけているインディオの人々の姿を見て金鉱山があることを確信したコロンブス一行は、彼らを奴隷のように酷使して金の採掘に当たらせます。

7か月にわたる最初の探検を終えたコロンブスは、その成果を書簡にしたため、それは直ちにヨーロッパ各国に伝えられました。得意満面、絶頂だった彼は「国王の少しの援助さえあれば、金でも、香料でも、綿でも、国王が必要な量をいくらでも船積みしてこられる」と豪語し、「この成功こそ、ひとりカスティーリャ（スペイン）王国のみならず、全キリスト教界が祝い寿《ことほ》ぐべきことであり、万人が神に感謝すべきことなのである」という趣旨の言葉で書簡を結んでいます。

インドに到達したという自負と、現地で出合った数々の珍しいもの、例えば、ジャガイモやサツマイモ、トウガラシや七面鳥を持ち帰ったのをはじめ、タバコを吸うことやハンモックで寝る習慣についても紹介しました。インディオと呼んだ原住民の人たちを奴隷として連れてくることもできるという発言もありました。

コロンブスの航海の結末とは

大きな成果を持ち帰ったコロンブスは、女王夫妻から熱烈な歓迎を受け、約束どおりに発見地の総督に任命されました。有頂天だったコロンブスは、帰国後、すぐに次の航海に出る準備を始めます。女王からの援助も大きくなり、今度は17隻の船で出航することになりました。

しかし、再訪した現地は、思いもよらない事態となっていました。まず、開拓のために現地に残ったスペイン人入植者が殺されていたり、思ったほど金が採れないことに焦りをおぼえた入植者たちが、インディオ（原住民）の人たちを酷使して金の採掘に当たらせたために反乱が起きたり、さらには、簡単には金銀財宝が手に入らないことに不満が募り、入植者自身が反乱を起こしたりといった惨状で、もはや、コロンブスが人々を統率できるような状況ではありませんでした。

入植者として連れていったスペイン人の多くは、レコンキスタ後に仕事をなくした兵士たちでしたが、インディオの人たちと話し合って開拓をすすめることができず、彼らが持っている宝物を力ずくで奪って殺すという、強盗のような行為を重ねていたのです。

それに対して、インディオの人たちが抵抗したのは当然のこと。3回目の渡航では、そんな状況を引き起こしたのは、コロンブス自身に原因があると本国政府に逮捕され、スペインに連れ戻されることになります。何とか誤解を解いて4回目の探検に出たものの、王室からの援助はもはやなきに等しい状態で、1506年、コロンブスは失意のうちにこの世を去りました。

コロンブスは死ぬまで、到達した土地をインドだと信じていました。コロンブスが到達したカリブ海の島々は、現在でも「西インド諸島」と呼ばれています。

ヨーロッパ人が「新大陸の発見」と記すようになったのは、フィレンツェの船乗りアメリゴ・ヴェスプッチが数回にわたって南アメリカを探検した結果、16世紀はじめにこの地がアジアではなく新大陸だと確信したことによります。「アメリカ」が彼の名前にちなんでつけられたことはご存じの方もいらっしゃるでしょう。コロンブスの最期はさびしい結末となりましたが、彼の名前は、「コロンビア」の国名として南米で生き続けています。

世界の人々の暮らしを変えた「コロンブスの交換」

コロンブスが成し遂げたことには、功罪両方の側面があります。「コロンブスの交換」を学校で習ったことは覚えていますか。彼がカリブ海の島や中米に到達しただけでなく、スペインとの間をヨーロッパ人が何度も行き来して現地で植民活動を行ったことによって、さまざまなモノの往来が行われました。それが「コロンブスの交換」です。

「コロンブスの交換」は、ヨーロッパ社会に食文化の革命をもたらし、それが巡り巡って、東アジアに住む日本人のもとにも届けられることになりました。トウモロコシ、ジャガイモ、トマト、トウガラシなどは、すべてアメリカ大陸からもたらされました。

チョコレートの元となるカカオは、コロンブスが4回目に渡航したときに持ち帰ったと言われています。ヨーロッパの人たちから見れば、単なる木の実だったのかもしれません。しかし、インディオの人たちは、その一粒一粒をとても大切にしていた、ということがわかる記述が当時の資料に残っています。

コロンブスには最初の妻との間と、その後知り合った女性との間にそれぞれ息子がひとりずつ生まれています。下の息子エルナンド（フェルナンド）は、4回目の航海に同行していて、晩年になってから父親の航海について書き残した書物があります。それが『提督クリストバル・コロンの歴史』。この中の一

◆コロンブスの交換

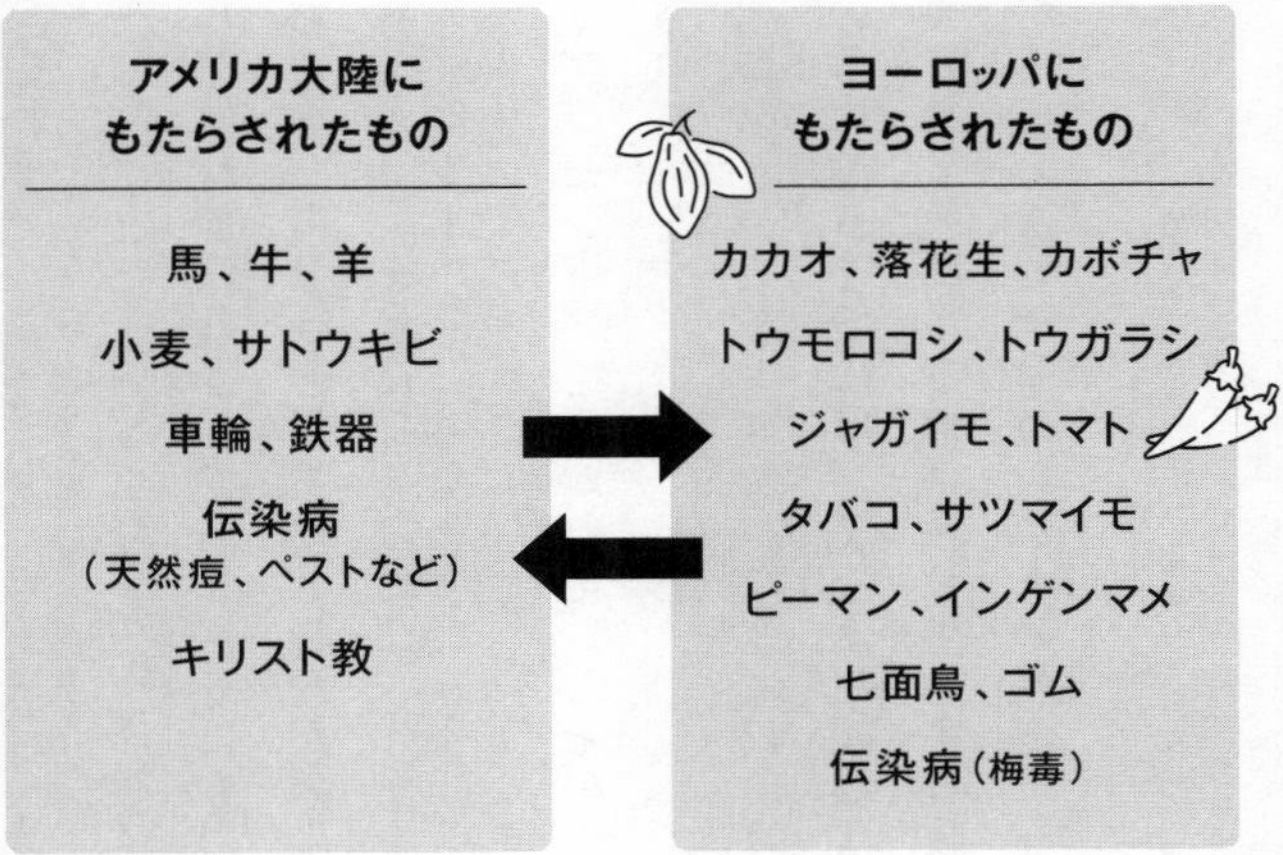
アメリカ大陸に
もたらされたもの
馬、牛、羊
小麦、サトウキビ
車輪、鉄器
伝染病
（天然痘、ペストなど）
キリスト教
ヨーロッパに
もたらされたもの
カカオ、落花生、カボチャ
トウモロコシ、トウガラシ
ジャガイモ、トマト
タバコ、サツマイモ
ピーマン、インゲンマメ
七面鳥、ゴム
伝染病（梅毒）

節に、カカオが出てきます。

「糧食としては（中略）お金として用いられるかのアルメンドラがたくさんあった。それはたいそう尊ばれているようであり、舟にものを積みこむとき、あのアルメンドラが落ちると、ちょうど目を落としたかのように、皆はすぐさま屈みこんで拾おうと努めるという感じを受けた」（八杉佳穂著『チョコレートの文化誌』）

このアルメンドラ（アーモンド）と書かれているそのものが、カカオであることは間違いないとされています。

貴重なものという認識をもってヨーロッパに運ばれたカカオが、チョコレートとして一般の人々の手に渡るまでには、まだまだ複雑な歴史があります。そのカギを握るのが、キリスト教による他宗教を排除する政策です。中でもユダヤ人への迫害が、思いもよらないチョコレートの歴史を作っていくことになるのです。

第3章

キリスト教抜きには語れない中世ヨーロッパ

ペストの流行、宗教改革……中世ヨーロッパは激動の時代

「大航海時代」が始まったころ、まさにヨーロッパは激動の時代に突入していました。ムスリム商人の交易活動の広がり、ビザンツ帝国を滅亡させたオスマン帝国に対する恐怖など、キリスト教を中心としたヨーロッパ社会には不安に陥る材料が多くあったのです。

14世紀にはペスト（黒死病《こくしびょう》）も流行し、多くの死者が出たことで労働者が不足。それまで酷使されてきた人々の賃金も上がり、社会構造にも変化が生まれていました。キリスト教の信仰のもと、権威をふりかざすことで生きてきた聖職者たちも、それだけでは民衆をまとめきれず、農民による反乱なども多発する時代になりました。

そうした中、16世紀はじめに起こったのが、ルターが始めた宗教改革でした。教皇を中心としたカトリック教会の堕落を憂え、聖書の教えにのみ救いがある、という彼の考えは、またたく間に人々の間に広まっていきました。その広まりの背景にあったのは、グーテンベルクによる活版印刷技術の実用化と、それに

ともなう聖書の普及でした。

カトリックの焦りと残虐な所業

焦りを覚えたカトリックの人々は、こうした動きに対抗します。そして、キリスト教以外の宗教を信じる人たちを異端審問にかけ、魔女狩りを行ったり、火あぶりの刑に処したり、といった残虐な行為をします。

当時のカトリックの人たちの残忍さは、アステカ王国、インカ帝国を滅ぼしたコルテスやピサロの残忍さにも見てとれます。皆さんが世界史の授業で勉強をしたときには「コンキスタドール（征服者）」といった用語をただ暗記するだけで、深く考えていなかったかもしれませんね。かくいう私も、そんな程度にしか考えておらず、現代に続く国際情勢を理解するために歴史をひもといていく中で、ヨーロッパの植民活動や帝国主義の傲慢さ、宗教のもつ善悪の二面性のようなものを意識するようになりました。

同じ16世紀のころ、スペインの聖職者に、ラス・カサスという人物がいました。彼も植民活動を行うために中南米に渡った人物で、コロンブスの4回目の航海に同行しています。彼自身は、スペイン・ドミニコ修道会の宣教師で、現地で布教をしながらインディオの人たちの保護と理想的な植民地の建設を目指しますが失敗。それでもインディオの人たちの保護を訴え続けたため、王室から「インディオの使徒」の称号を与えられました。

というのも、王室の考え方と現地に赴く聖職者をはじめとした植民者の考えは異なっていて、コロンブスとイサベル女王との協約で、ただひとつ意見が合わなかったのもインディオの人たちの奴隷化についてで、イサベル女王は奴隷化に反対していました。そのこともあって、1504年にイサベル女王が亡くなったあとの植民活動はやりたい放題となり、残酷さが増していました。

ラス・カサスは、コンキスタドールたちが現地で行った残忍な行為の数々を目にした結果、1550年にスペインのバリャドリードで行われた討論会で、スペインのアメリカ大陸征服の不当性を訴え、その後『インディアスの破壊についての簡潔な報告』を書き残しました。本当なら現地に残って、インディオの人たちの保護活動に当たりたかったのですが、植民活動を行うスペイン人の入植者たちと対立関係にあったため、スペインに戻っていくつかの書物を書き著わしました。

この本には、目を覆いたくなるようなコンキスタドールたちの所業の記述が綿々とつづられています。インディオの人たちは、銃や剣といった武器は何も持っておらず、馬など戦闘の役に立つような動物も、ヨーロッパからもたらされるまで現地にはいませんでした。キリスト教には伝統的に「子どもと女性には手をかけない」という戦い方があったそうなのですが、その教えすら守らず、かたっぱしからインディオの人たちに手をかけ、縄で締め上げて火あぶりにしたり、妊婦のおなかを切り裂き、剣で突き刺して胎児を引っ張り出したりして高笑いをしていたというのですから、恐ろしさ極まれり、です。

少なくとも1200万人、一説には1500万人ものインディオの人たちが犠牲になったと書かれています。ある地域では残ったインディオの人たちはたった200人ほどだったという記述も。その上、ヨーロッパからは天然痘やインフルエンザといった伝染病まで持ち込まれて、全く免疫も抵抗力もなかったインディオの人たちは、バタバタと倒れていきました。

結局、自分たちの行った行為によって、植民地の開拓を担う労働者が確保できなくなります。そして、その労働者を確保するために、アフリカから奴隷を輸入するという「奴隷貿易」が始まるのです。

キリスト教、ユダヤ教、イスラム教の関係とは

本書は、チョコレートの歴史をたどると世界史が見え、それが現在の国際ニュースを理解する助けになることを目指して執筆をしています。どこまでさかのぼればいいのか、何を取り上げたらいいのか悩みましたが、やはり宗教の歴史、とりわけキリスト教とユダヤ教、それにイスラム教の関係を理解しておくことが大切だと考えました。というのも、チョコレートが一般の人々の手に渡ったのは、ユダヤ人が迫害されたことがきっかけだったからです。

そもそも、同じキリスト教でもカトリック以外の宗派を認めなかったり、ユ

ダヤ教徒やイスラム教徒をはじめ、土着の信仰などをもつ人たちを迫害したりするようなことがなぜ起きたのでしょうか。

それを理解するために、皆さんも世界史の授業で勉強した、ローマ帝国の歴史から振り返ってみましょう。

ローマ帝国の皇帝にとってキリスト教は邪魔だった

ローマ帝国は、地中海に面するすべての地域と、現在のイギリスまでの範囲を治めた一大帝国でした。帝国のリーダーである皇帝は、絶対的な権力をふるうために、自らを神とあがめ奉《たてまつ》ることをローマ帝国内の民に強要しました。

しかし、キリスト教の創始者イエスの説いた考え方は、神の絶対愛と隣人愛です。神の絶対愛とは、無条件で無差別な愛。隣人愛とは、自分を愛するようにすべての人を愛しなさい、という考え方です。すべての人は神の前において平等であるという考え方ですね。

キリスト教の思想は、自らを神だと主張して権力をふりかざし、人々を支配しようとしている皇帝にとって邪魔な存在でした。ローマ皇帝で暴君と呼ばれたネロが、ローマの大火で市の大半が焼失したことをキリスト教徒のせいにして大弾圧を行い、イエスの弟子でキリスト教の教えを人々に伝えていたペテロとパウロが殉教する（キリスト教の信仰を捨てるよりも、死を選んで神に命を捧げる）事態にもなりました。ローマの大火が起こったとき、ネロ帝の放火だという噂が流れたのですが、これをキリスト教徒のせいにしたのです。この噂には真実味があるとも言われています。

イエスはユダヤ教徒だった

イエス自身はそもそもユダヤ教徒でしたが、ユダヤ教の考え方を批判し、いわば宗教改革を唱えることから始まったのがキリスト教でした。ユダヤ教では、ユダヤ人だけが神から選ばれた民族だという「選民思想」や、神から授けられた宗教上の教えや生活の規範である「律法」に極端にしばられる考え方が主流でしたが、それを批判する形で生まれたのがキリスト教なのです。

4世紀のはじめ、ローマ帝国ではディオクレティアヌス帝のときに、キリスト教徒の大迫害を行い、皇帝崇拝の強化を目指しますが、もはやキリスト教を信じる人たちの存在は抑えきれずに失敗。ディオクレティアヌス帝のあとに皇帝となったコンスタンティヌス帝は、逆に多数となったキリスト教徒の力を統治に利用しようと勅令を出し、キリスト教を公認しました。

実際には、キリスト教だけでなく、すべての宗教の信仰を自由にするという内容でしたが、キリスト教徒が多数を占めていたのでキリスト教の公認とされています。ちなみに、コンスタンティヌス帝が帝国の首都としたコンスタンティノープルは、オスマン帝国の時代にイスタンブールと名前を変えて今日に至ります。

キリスト教がローマ帝国で国教化される

さらに、4世紀の終わりには、ローマ帝国では他の宗教（異教）を信仰することが全面的に禁止され、キリスト教が国教化されることとなりました。ここからヨーロッパがキリスト教社会となり、キリスト教徒によるユダヤ教徒の迫害が本格的に始まります。

キリスト教の経典『新約聖書』の記述に、イエス・キリストが十字架の刑に処せられたのは、ユダヤ教徒によるものだという一節があります。前述のように、もともとイエスはユダヤ教を信じるユダヤ人でしたが、その考え方に疑問をもち、ユダヤ教を批判し、神の前の平等を説く宗教改革を唱えました。これに対してイエスの教えを信じる人たちが増えていくのを面白く思わなかったユダヤ教徒たちが、ローマ総督にイエスの言行はローマ帝国に対する反逆だと訴えた結果、イエスは裁判にかけられます。裁判にかけられたイエスに対し、ユダヤ教徒たちは死刑を求めました。

そのときユダヤ教徒たちは「その血の責任は、我々と子孫にある」（新共同訳『新約聖書』マタイによる福音書）と述べました。イエスの血（イエスの死）の責任は自分たちと自分たちの子孫にまで及んでもいい、だからイエスを死刑にしろ、と言うのですね。

一方、キリスト教徒にとってユダヤ教徒は「イエスの殺害者」となりました。「反ユダヤ主義」の考え方は、ここから来ているのです。

異教を排除するキリスト教と寛容なイスラム教

ローマ帝国が東西に分裂したあと、地中海世界に勢力を伸ばしてきたのがイスラム勢力でした。イスラム勢力に占領された聖地エルサレムを奪回しようとすることから始まったのが十字軍の活動です。

11世紀末の第1回十字軍で、キリスト教徒たちはエルサレムを奪回しましたが、このとき彼らは、ユダヤ教徒もイスラム教徒も皆殺しに近い大虐殺を行うという残虐さでした。エルサレムが膝までつかる血の海になったという話まで残っています。

第1回十字軍の遠征後、この地に残ったキリスト教の兵士たちは、エルサレム王国を建国しました。しかしその後、エルサレムをイスラムの宰相サラディンに奪還されてしまったため、ドイツ（神聖ローマ帝国）・フランス（フランス王国）・イギリス（イングランド王国）という西欧3国の君主が参加する最大規模の十字軍がエルサレムに遠征しました（第3回十字軍）。

サラディンにあえなく退けられてしまった十字軍でしたが、サラディンは、キリスト教徒が自由に聖地エルサレムへ巡礼することを許可しました。キリスト教徒に対してとても寛容な態度をとったのです。

ヨーロッパでも尊敬されるイスラムの英雄サラディン

サラディンは、少数民族のクルド人です。現在のイラク中北部ティクリートで生まれました。同郷のイラクのサダム・フセイン元大統領や、エジプトのナセル元大統領などが「現代のサラディン」を自称していたほどの英雄です。

12世紀の終わりに第3回十字軍で敗れたイギリスでさえ、第二次世界大戦後に六輪駆動の装甲偵察車を開発したときにそれを「サラディン」と名付けたほどです。敵として対峙していたイスラムの英雄ですが、彼の強さにあやかりたかったのでしょう。サラディンは、今なおヨーロッパからも尊敬される存在なのです。

サラディンが尊敬されているのは、その強さだけでなく、敵（キリスト教徒）に対しても紳士的な態度でのぞんだからです。第３回十字軍のあと、彼はイスラムの戦士たちがエルサレムに入る際に、一切の略奪行為を禁止したうえ、キリスト教徒にとっての聖地である聖墳墓教会を破壊することなく護《まも》りました。第３回十字軍で捕虜になったムスリムたちがイギリス国王の前で処刑され、キリスト教徒たちが略奪行為を行ったにもかかわらず、です。

キリスト教の聖地・聖墳墓教会の鍵を開けるのはイスラム教徒

サラディンが残してくれたエルサレムの聖墳墓教会でしたが、これ以降、ちょっと面白いしきたりが残っています。十字軍は、西欧のカトリック社会が中心となって支援しましたが、カトリックは他の宗派を認めない考え方をもっていましたし、宗派同士で対立していたのも当時のキリスト教でした。

聖墳墓教会は、キリスト教徒にとって共通の聖地で、ギリシア正教、アルメニア正教、エジプトのコプト教、カトリックの4つの宗派がそれぞれの礼拝所をもち、教会内で共存しています。ところが、お互いに仲が悪かったため、誰が教会の出入り口の鍵を持つかで争い、決めることができませんでした。そこでサラディンが、イスラム教徒の名家に鍵を託し、外から鍵の開閉をしてもらうことにしたのです。

800年以上経った現在もこの慣習は続いていて、朝晩の扉の開閉時間になると、教会の中にいる4つの宗派の代表が扉の内側に集まり、外にイスラム教徒が来て、施錠開錠をする儀式が行われています。当事者たちは真剣なのでしょうが、端で見ている分には何ともユニークですよね。

イスラムの教えには『聖書』も含まれている

イスラム教の主たる経典は『クルアーン（コーラン）』ですが、ユダヤ教の経典である『旧約聖書』もキリスト教の経典である『聖書（旧約聖書＋新約聖書)』も、あとから生まれたイスラム教の教えに含まれます。

それは、ユダヤ教やキリスト教と同じく、イスラム教も唯一の存在である神を信じる宗教で(一神教)、3つの宗教は同じ神を信じているからなんですね。

イスラム教では、神様が『旧約聖書』を与えたのに人々が守らないので『新約聖書』を与えた。それでも守らないから最後に『クルアーン』を与えたと考えているのです。

これら神の教えについて書かれた書物をイスラム教では「啓典」と言い、イスラム教徒はユダヤ教徒やキリスト教徒のことを「啓典の民」と言います。イスラム勢力は、自分たちが征服した土地にいる「啓典の民」に対して、税金を支払えばイスラム教への改宗を強要することなく、ユダヤ教やキリスト教の信仰を認めていました。異教の人たちにも寛容な態度で接し、共存したのです。

ユダヤ教とイスラム教、中でもイスラエルとパレスチナが激しく対立するようになったのは、第二次世界大戦後のイスラエル建国以降のことです。それ以前の歴史では、むしろキリスト教社会によるユダヤ人迫害の方が激しかったのです。

教皇権の絶頂期と「カノッサの屈辱」

11世紀から13世紀にかけて行われた十字軍の遠征より少し前になりますが、「カノッサの屈辱」という歴史的事件があったのを覚えていますか。

11~12世紀にかけての西欧では、キリスト教（カトリック）が人々の生活の中心となり、教会は農民たちの生活指導をはじめ、収穫や畜産物の10%を納める十分の一税の徴収、独自の裁判権までもっていました。それに対して皇帝や王が、大司教以下の聖職者の地位に聖職者でない人々を任命したり、その地位を売買したりして、世俗の人（俗人）を教会に送り込み、影響力をもとうとしたのです。

しかし、俗人が聖職者になったり、その地位を売買したりすることは教会の腐敗につながると、10世紀以降、フランスのクリュニー修道院を中心に改革運動が起こりました。聖職者の妻帯や聖職売買の禁止、聖職者を任命する権利

◆カトリックの聖職者の地位

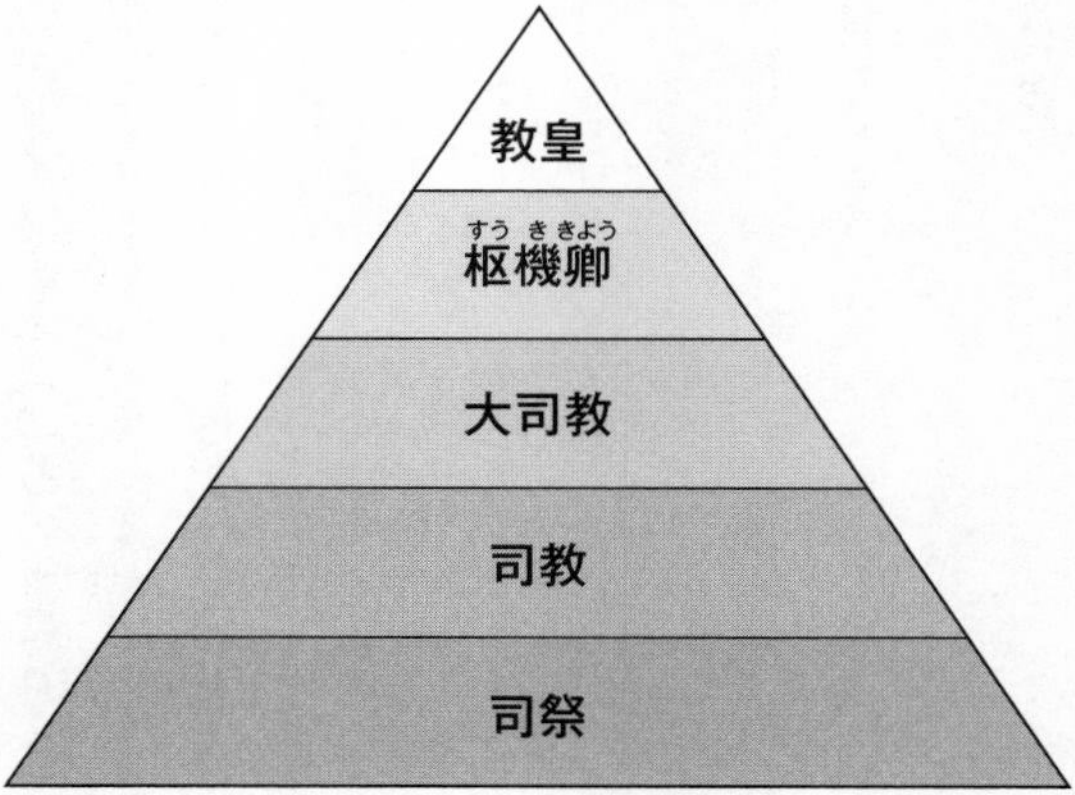

司祭は、カトリックでは神父と呼ばれ、
ミサをはじめ、教会の儀式などをつかさどる。

（聖職叙任権）を皇帝や王から教会に移して、教皇権を強化しようとしたのです。
これに反発したのがドイツ国王（のちの神聖ローマ皇帝）ハインリヒ4世です。彼が改革を無視しようとしたので、これに怒った教皇グレゴリウス7世がハインリヒ4世を破門。窮地に追い込まれた国王は、教皇が滞在していた北イタリアにあるカノッサ城の前で、雪の降る中、三日三晩、裸足で断食をし、祈り続けて赦《ゆる》しを請《こ》うた事件が「カノッサの屈辱」でした。
キリスト教社会で教皇に破門されたら国王としての権力が失墜するだけでなく、ドイツ諸侯（王の臣下である貴族）からも破門を解かれなければ国王を廃位すると決議されてしまったので、ハインリヒ4世には赦してもらう以外、道はなかったのです。結果、ハインリヒ4世は破門を解いてもらいましたが、その後も両者の対立は続きます。

「教皇は太陽、皇帝は月」

グレゴリウス7世の遺志をついで改革に乗り出した教皇ウルバヌス2世は

「俗人の聖職叙任を禁止」する決議とともに、教皇権を強化するために十字軍を提唱しました。そして第１回十字軍で聖地エルサレムを奪回したのちは、聖職叙任権は教皇が保持することになりました。

ここでようやく、闘争は決着。教皇権の絶頂期を迎えたのです。ときの教皇インノケンティウス３世は、教皇より皇帝が劣る存在であることを「教皇は太陽、皇帝は月」と述べ、フランス王、イングランド王、神聖ローマ皇帝を破門するなどして、教皇権が頂点に達していることを体現してみせました。第４回十字軍の遠征や、公会議を開いてユダヤ人のキリスト教社会からの排除などを決めたのも、彼の時代でした。

そもそも、カトリックの総本山ローマ教会も、ユダヤ教徒はイエスを殺した罪深い人々だと位置づけていました。しかし一方で、ユダヤ人に対する迫害は禁じていて、改宗を強制したり、財産を没収したり、殺したりすることを禁止する命令をたびたび出していました。にもかかわらず、ことあるごとにユダヤ人に対する略奪や迫害は行われ、十字軍の遠征前後からさらに激しさを増していきました。

キリスト教の「公会議」とユダヤ人迫害

キリスト教の教義や社会規範などを決める最高会議、それが「公会議」と言われるものです。公会議には、各地の教会に属する聖職者たちが出席して重要事項を決定し、キリスト教社会の中でこれを徹底させます。この公会議で決定されたことは、すべての教会に対して拘束力をもちます。つまり、キリスト教社会では、人々は教会の教えに従わなければならず、教会を中心に支配体制が固められていました。

13世紀はじめに開かれた公会議では、キリスト教社会からユダヤ人を排除する決定がくだされました。ユダヤ教徒はキリスト教徒との婚姻が禁止され、ユダヤ人は他の人と違うと見分けがつく服装で、一般的には黄色（赤や緑のことも）の丸い布切れを身につけることを強要されました。また、ドイツを中心にユダヤ人をゲットーと呼ばれる区域に強制移住させ、隔離することも始まりました。

職業も制限され、農業や手工業、また世界各地に存在するユダヤ人のネットワークを利用した遠隔地交易もできなくなりました。結局、ユダヤ人に許された数少ない職業は、高利貸しや両替商など、ローマ教会（カトリック）がキリスト教徒に禁止していた金融業しかなかったのです。それしか仕事がないから金融業に就いたのに、キリスト教徒から「守銭奴《しゅせんど》」のようなレッテルを貼られて、さらに偏見と差別がエスカレートしていきました。

十字軍が出発する際には、軍資金を得るために、ドイツのヴォルムス、マインツなどの諸都市でユダヤ人に対して略奪と殺戮《さつりく》を行ったといいます。

14世紀に入ると、ユダヤ教徒はキリスト教徒の幼児を誘拐して殺害しその血を儀式に使っているとか、そもそもキリスト教を侮辱しているとか、根も葉もない中傷をされ、ヨーロッパ各地で迫害と虐殺の対象となりました。その背景には、この時代はキリスト教社会にとって苦難の時代だったことがあります。皇帝と教皇の権力闘争や飢饉、戦争、感染症の流行などがありました。ユダヤ人を迫害することを、自分たちの苦しさを紛らわすはけ口にしたのです。

英仏の争いがローマ教皇幽閉まで招く

カノッサの屈辱が、国王の権力の衰退の一因となったのに対して、今度は教皇の権力が失墜していく事件が起こります。そのきっかけが14世紀はじめの「アナーニ事件」。教皇とフランス王の対立です。

フランス王フィリップ4世は、毛織物産業で繁栄していたフランドル地方(現在のベルギーを中心とした地域)とワインで有名なボルドーがあるギエンヌ地方をめぐって、イギリスと争っていました。イギリスは、フランドル地方に羊毛を輸出していましたし、ギエンヌ地方は12世紀半ば以降、イギリスの所領となっていて、ボルドー産のワインなどをイギリスに輸出していました。現在のイギリスは、大陸に領土をもっていませんが、当時はギエンヌ地方、つまり現在のフランスの一部がイギリス領だったのです。

フィリップ4世はフランドル地方やギエンヌ地方の諸都市に出兵して、イギリスの影響力を排除しようとしましたが失敗。これにかかった戦費による財政難を打開するために、無断で聖職者たちに課税することを決めました。

怒ったローマ教皇ボニファティウス8世は、課税なんてとんでもないとフランス国王フィリップ4世と対立。教皇の地位の優位性を主張しました。一方、フィリップ4世は、三部会（聖職者・貴族・市民代表からなる身分制議会）を初めて召集して国内の支持を固め、イタリアに出兵して、ローマ近郊のアナーニに滞在中だった教皇を幽閉したのです。ローマの東に位置するアナーニは、教皇の生まれ故郷で邸宅があった場所でした。その後、捕らえられた教皇は急死してしまいましたが、怒りのあまり絶命したとも言われています。

教皇をローマから南フランスへ強制移住

アナーニ事件のあと、フランス王フィリップ4世はフランス人の教皇クレメンス5世を擁立し、教皇庁をローマから南フランスのアヴィニョンに移しました。この事態は『旧約聖書』の記述にある、ヘブライ人（ユダヤ人）がバビロン（メソポタミア地方のティグリス川とユーフラテス川にはさまれた都市）に強制移住させられた「バビロン捕囚《ほしゅう》」になぞらえて、「教皇のバビロン捕囚」または「アヴィニョン捕囚」と言われました。ローマから見れば、強制的に教皇が移住させられたという思いだったのでしょう。

以後約70年間、ここアヴィニョンで7代の教皇が擁立されますが、すべてフランス人という偏重ぶりでした。最初に立ったクレメンス5世は、自分もアナーニ事件のときのボニファティウス8世の二の舞になることを恐れて、国王フィリップ4世の言いなりだったといいます。こうして教皇は国王の監視下におかれ、国王の権力強化がすすんでいきました。

40年も続いた「教会大分裂」

しかし、ローマ市民や多くのカトリック教徒たちの間で、教皇にローマに戻ってきてほしいという声が次第に高まってきました。ローマにいるべき教皇が不在の状態なんて異常だとか、不吉な予感がするとか、そんな声も聞かれるようになっていました。そこで、教皇（グレゴリウス11世）がアヴィニョンからローマに戻ったまではよかったのですが、翌年病気のために急死してしまうという事態に。

すぐに次の教皇選出（コンクラーベ）を始めましたが、選出にあたる枢機卿《すうききょう》（教皇に次ぐ聖職の位で、教皇の最高顧問）のイタリア人とフランス人が揉《も》めに揉め、そこに激高したローマ市民がなだれ込むという混乱に陥りました。さんざん争った挙句、最終的にイタリア人教皇が選出されたのですが、これに反発したフランスがアヴィニョンに別のフランス人教皇を立てるという前代未聞の事態が起こりました。

これが「教会大分裂（大シスマ）」で、40年もの間続いたのです。途中からは、ドイツとイギリスが別の教皇を立て、3人の教皇が並び立つという異常事態となり、当然ですが、教皇の権威は失墜し、カトリック教会は混乱の時代が続きました。

ペストの流行でヨーロッパ中が不安に

14世紀にローマ教皇庁がフランスのアヴィニョンに移された「教皇のバビロン捕囚」の間に、ヨーロッパは様々な困難に見舞われていました。

地球規模で見ると、9〜13世紀の間は、全体的に温暖な気候に恵まれた時期でした。ところが14世紀に入ると、小氷期と呼ばれる気候寒冷期が訪れます。大気の状態が不安定になって異常気象に見舞われ、凶作が続いて経済が大きな打撃を受けました。寒冷化による凶作は、人々に飢饉をもたらし、同時にペスト（黒死病）の流行や英仏百年戦争の勃発があり、人口も減少しました。それまでの暮らしや人々の価値観が一変するような時代だったのです。この時期は「14世紀の危機」と呼ばれています。

特に、ペストの流行によって、人々は恐怖に陥りました。新型コロナウイルスの流行を経験した私たちは今だからこそ、当時の人たちの不安な気持ちを多少なりとも理解できる気がします。ペストは、感染して死期が迫ると、患者の皮膚が黒ずむところから「黒死病」と言われました。考えただけでも恐ろしいですよね。

ペストは幾度となく流行を繰り返しましたが、１３４７〜50年に流行した際には、ヨーロッパの総人口およそ1億人のうち、２５００万人が死亡したと言われています。一説には、人口の３分の1が命を落としたとされています。

このころの絵画には、死をイメージして描かれたものが数多く存在していま す。結局、ペストの前では、皇帝も教皇も、聖職者も農民も、誰もが等しく感染したり、命を奪われたりする、ということが明白になった時代でもありました。感染症のような病の前では、身分など関係ないということを思い知らされたのです。

人口が減少し、働き手が少なくなったことで、農民をはじめ労働者の賃金や地位が上がり、新しい価値観であるルネサンスの時代に突入していくことになります。ペストの流行は、世の中や生き方が大きく変わる転換期にもなったのです。

ユダヤ人はペストの流行でも差別を受けた

ペストの流行で差別を受けることになったのも、またユダヤ人でした。「14世紀の危機」と言われたこの時代に悪い出来事が起こるのは、すべてユダヤ人のせいだとされ、それまでにない迫害と虐殺が行われたのです。これはいわゆる「陰謀論」です。ペストが流行し、人々がバタバタと倒れていったのは、ユダヤ人が井戸や泉に毒物をまいたせいだという噂がまことしやかにヨーロッパ中に広まっていきました。

ペストは、もともとヨーロッパで始まった病気ではなく、中央アジアからもたらされたと考えられています。当時のアジアは、勢力が強大だったモンゴル帝国の支配のもと、ユーラシア大陸の東西交易が活発に行われていました。シルクロードを通ってさまざまなモノが行き来していたので、この交易ルートからペストもヨーロッパに運ばれてきたようです。

ユダヤ人たちの間にペストがそれほど広まらなかったことも、ユダヤ人陰謀論が語られる一因となりました。ペスト菌はネズミを介して運ばれ、ヒトに感

染しますが、一説によれば、ゲットーという隔離された場所で生活をしている
ユダヤ人は、清潔好きなうえネズミの天敵である猫を飼っていたので、あまり
感染しなかったのではないかと言われています。

ハンセン病患者にまつわる陰謀論まで

実は、ペストに関するユダヤ人陰謀論が広まるより30年ほど前に、ハンセン
病患者にまつわる陰謀論がありました。ハンセン病はらい菌の感染によって発
症するため、らい病と言われていた時代もあったのですが、19世紀にらい菌を
発見したノルウェーの医師の名前をとって、現在はハンセン病と呼ばれていま
す。感染し発症すると、汗が出なくなったり、手足の末梢神経が麻痺し、熱い、
冷たい、痛いといった感覚がなくなったりといった症状が出ます。皮膚に発疹
が出たり、治療法のない時代には皮膚が変形したりするなどの後遺症が残るこ
ともあったので、差別の対象となりやすかったのです。

1321年、フランス南部（アキテーヌ地方）で、キリスト教徒を殺害する

ために、ハンセン病患者が井戸や泉に毒をまいているという噂が流れ、虐殺や隔離が行われました。「ハンセン病患者はキリスト教徒を皆殺しにしたら、自分たちが支配者になると信じている」という陰謀論です。この陰謀論に対しては、フランス国王も勅令を出し、迫害と虐殺を公に容認しました。日頃からハンセン病患者は差別されていて、灰色のコートに赤い帽子、赤い頭巾をかぶって、健常者が自分に近づかないように鳴子《なるこ》（田畑の穀物を食べてしまう鳥を追い払うために音を出す仕掛け）を鳴らさなければなりませんでした。

こうした陰謀論は、決してハンセン病患者だけではなく、ユダヤ人やイスラム教徒にも向けられました。ヨーロッパの人々にとってユダヤ人とハンセン病患者は、身近な存在でかつ差別の対象だったのです。ユダヤ人もハンセン病患者も、迫害を受けた際に金銭や家、畑などの財産を没収されました。

ハンセン病患者は、ほどなくしてローマ教皇から無実無罪が認められて、財産が公式に返還されました。けれども、ユダヤ人の無実無罪が認められることは決してなかったのです。

日本でもハンセン病は、恐ろしい病気だと考えられ、明治時代後半（1900年代）から隔離政策がとられました。患者を徹底的に捜索し、療養所から一生出られなくする「ハンセン病絶滅政策」が行われ、差別や偏見が助長されました。薬が開発され、治療法が確立されても、1996年に「らい予防法」が撤廃されるまで隔離政策は続きましたし、ハンセン病患者への偏見や差別の被害を認める裁判の判決が出たのは2019年のことでした。

ハンセン病は、世界中で流行したものの、非常に感染力が弱く、感染したとしてもほとんどの人は発症しません。しかし、いくら事実が明らかになり、治療法が確立されても、一度差別や偏見が起こると、それをなくすためには長い年月がかかることを、ハンセン病患者の歴史から思い知らされます。

英仏百年戦争は王位継承争いが原因

異教徒に対してだけでなく同じキリスト教徒同士でも「異端」の問題が生じました。英仏百年戦争で活躍したジャンヌ・ダルクも「異端」とされたひとりです。まずは背景となる百年戦争からお話ししていきたいと思います。

戦争の話になると、王室の皇位継承問題や領土問題を語らないわけにはいかず、カタカナで表記された地名や王朝の名前、また同じ人名に数字（1世、2世など）がついてきて、いったいどの国の誰なのか、この地名の場所はどこにあるのか、などあまりにわかりにくいため、テストの前に意味もなく暗記をしただけで、世界史が理解できずに嫌いになった方も多いのではないでしょうか。英仏百年戦争も、その代表的なものかもしれません。しかしこの戦いによって、現在のイギリス、フランスの国境がおおよそ確定しました。

そもそも、ヨーロッパの王室は、他国の王家と婚姻関係を結ぶことによって維持されてきた側面があります。日本の戦国時代のようですよね。英仏百年戦争の場合、フランス王家の血も引くイギリスのエドワード3世がフランスの王位継承権を主張して進軍したことが、開戦のきっかけになりました。

エドワード3世の母はフランス王の姉。イギリス王室に嫁ぎ、そこに生まれたのがエドワード3世でした。エドワード3世にとってフランス王は叔父にあたります。

実は、エドワード3世は、弱冠14歳でイギリス王として即位しています。というのも、母親が愛人と共謀して夫（エドワード2世）を退位に追いやり、息子を即位させ、しばらくの間は母親と愛人が息子の摂政として政権を掌握したからです。

これだけを聞くと、母親がひどい人間のように思われてしまうかもしれません。しかし、その背景には夫である王との対立や領土問題などが複雑に絡み合っていました。ちなみに母親のイザベルは、ヨーロッパ一美しい女性だったと言われています。

おりしも、母親の出身国であるフランスのカペー朝で男系の継承者が途絶え、新たにヴァロワ朝が創設されてフィリップ6世が擁立されました。前述のように、当時のイギリスは、フランス西南部のギエンヌ地方（ボルドーなどワインの名産地がある地域）に領土をもっていましたが、そこを王位についたフィリップ6世が侵略しはじめたのです。これを阻止するために、エドワード3世は、自身がフランスのカペー朝の血筋を継ぐ者として王位継承権を主張。百年戦争が始まりました。

　開戦当初から、イギリス軍の優勢が続きました。1分間に6回射撃ができる長弓を使ってフランス軍を圧倒し、フランス王国の2分の1ほどをイギリス領としました。苦戦を強いられたうえ、飢饉や経済危機、ペストの流行などがあり、フランスにとって非常に苦しい状況でした。

フランスを勝利に導いたジャンヌ・ダルク

　百年戦争の後半、追い詰められたフランスを救い、勝利に導いたのが、北フランスの農村出身で信仰心あつい少女ジャンヌ・ダルクです。13歳のころから、しばしば「フランスを救え」という神のお告げを聞いていたという彼女は、男装して500キロの道程を歩き、王位継承者であったシャルル7世に面会して激励しました。そして数千人の軍を与えられ、フランス中部にある王家の要塞都市オルレアンを包囲していたイギリス軍を破ってシャルル7世の戴冠式《たいかんしき》を実

英仏百年戦争（1339〜1453年）

百年戦争前半はイギリスが領土を拡大したが、
後半にジャンヌ・ダルクが登場し、フランスが勝利。
この戦争で、フランス国内のイギリス領はカレーを除き、
すべてなくなった。

現させました。その後、フランス軍は勢いを取り戻し、長らく続いた百年戦争で勝利をおさめたのです。

この功績によって、ジャンヌとふたりの兄は貴族の地位に列せられました。しかし、百年戦争がまだ継続している中、ジャンヌは救援活動のさなかに反国王派の捕虜となります。戴冠式まで実現させてくれたジャンヌに対し、シャルル7世は身代金の支払いを拒否します。また、パリ大学神学部が彼女に「異端」の嫌疑をかけ、宗教裁判が行われた結果、「異端の魔女」として有罪判決を受け、フランス北部のルーアン市の広場で火刑《かけい》（火あぶりの刑）に処せられました。

その後、世論の高まりもあって、シャルル7世は勅命でジャンヌの復権裁判を開かせ、無罪・復権の判決が出るという結果になりました。さらに20世紀になって、ローマ教会もジャンヌを聖女に列してその功績をたたえました。

キリスト教の歴史でよく出てくる「異端」とは

ジャンヌが裁判で判決を受けた際に言い渡された「異端の魔女」とはどういう存在なのでしょうか。まず、「異端」から考えてみましょう。

中世の西ヨーロッパでは、国王と教皇の権力争いと領土の奪い合い、王位継承の争いなどが複雑に絡み合って争いが頻繁に起こりました。そこに、イスラム勢力の伸長に対するキリスト教カトリックの人たちの焦りがともなって、スケープゴートのはけ口のようにされたのがユダヤ人、そしてキリスト教の中でも「異端」とされた人たちでした。

「異端」とは、どういうことでしょうか。ひとことでいえば、それはキリスト教の創始者イエスを人間だと考えるか、それとはまた別のものと考えるか、ということから始まります。

宗教には教義がありますよね。その宗教を信じる人が守るべき教えです。「キリスト」とは、ギリシア語で「救世主」のこと。この世の終わりが来たときに人々を救ってくれる存在です。キリスト教を始めたのはイエスですから、イエスが救世主だと信じる宗教がキリスト教です。ここまでは、どの立場の人たちも意見が一致しています。

ただ宗教の成立から時間が経過すると、教義に関する考え方で意見の違いや対立が出てきます。それはキリスト教だけでなく、イスラム教や仏教などにも見られる現象です。

ローマ帝国でキリスト教を公認したコンスタンティヌス帝は、その後に開催したニケーア公会議で、アタナシウス派を正統とし、アリウス派を「異端」としました。「異端」という言葉自体、正統があって初めて成り立つ概念で、正統な考え方とは異なる考えをいいます。

ここでいうキリスト教の宗派の違い、また正統か異端かの判断基準は、イエスは人間なのかどうか、という点についての考え方です。

「三位一体」という考え方はなぜ生まれたのか

アタナシウス派の考え方は、ほぼ現在のキリスト教の基本となっています。

「三位一体」という言葉を知っていますか。3つのものがひとつとなって分けることができない、という意味で、キリスト教では「父なる神、子なるイエス、聖霊」の3つは、同じ質のもので分けられないという考え方です。アタナシウス派はこれを「三位一体説」として提唱しました。

なぜ、このような考え方が生まれたのでしょうか。

「父なる神」という表現。これは、多くの他の宗教でもそうですが、最高位の神のことを「父」と表します。またキリスト教では、信者に対する呼びかけとして、しばしば「兄弟姉妹」という言い方をします。信者を家族と考え、そのとりまとめをする一番上にいる人を「父」と考えるわけですね。

「子なるイエス」はどうでしょうか。イエスは、キリスト教徒の一番上の位置にいると考えられていて、いわば長兄のような存在。それで「神の子」という表現をされています。しかしイエスは救世主であるけれど、神そのものではない。キリスト教において、神は唯一の存在であり、その神とイエスはイコールではないんですね。また、イエスは人としての側面ももっているけれど人間ではない。なぜなら、イエスは十字架の刑に処せられて3日目に復活をし、教えを説いたあとに昇天した、と考えられているからです。人間ならば、死んだあとに復活はしませんから、イエスを人間としてしまうと「復活」を否定することになってしまいます。

「聖霊」は、唯一の神だけがもつ性質のことです。人々に神の教えを説いたイエスは、神としての性質をもっていたと考えられます。

「イエスは何者か」という論争が続く

なんだか、わかったような、わからないような説明ですが、結局、イエス＝神としても、イエス＝人間としても矛盾が生じてしまう。でも、神の教えを説いてくれたわけだから、神としての性質ももっている。それらを包括して考えると、神と「同一」ではなく、「同質」の存在である、と考えることによって矛盾を解消しようとしたのです。それが「三位一体説」という考え方を生みました。

三位一体説が確立されるのは、アタナシウス派が生まれてから少しあとのことになりますが、アタナシウス派を正統としたときに「異端」とされたアリウス派は、イエスを人間だと考え、神とは異質なものとしたので「異端」とされたのです。

このあとも、「イエスは何者か」という点において、聖職者の間で論争が続き、イエスは神であるとか、イエスは人間であるとか、どちらかだと言い切る考え方は「異端」とされました。そして正統から外れるものはすべて処罰の対象としたのです。

カトリックで修道院が果たした役割

次に異端審問の手続きが生まれた背景について話をしたいと思います。そこには、修道院の存在も深くかかわってきます。

修道院とは、キリスト教を信じる人たちが、神に奉仕するために修行をする場のことです。まだプロテスタントが現れていない時代のことですから、主にカトリックの人たちの話だと考えてください。当時は、誰でもキリスト教を信じることはできましたが、教皇をはじめ、司教や司祭など指導的立場にある聖職者は男性に限られました。

修道院制度の創始者は、ベネディクトゥスという人です。彼自身は、5世紀の終わりにイタリアの貴族の家に生まれ、ローマで学びましたが、人々の生活が退廃的な雰囲気に包まれていたことに失望します。17歳のころ、ローマ近郊のスビアコ（スビアーコとも）の山中にある洞穴で、自ら3年間こもって修行をし、そこに最初の修道院を建てました。

彼の生きざまを慕って多くの弟子が集まったので、さらに12の修道院をつくり、ローマに学校をつくって貴族の子弟の教育をしたところ、学校の周辺にいた聖職者たちの迫害を受けました。彼の人気ぶりをねたんだのでしょう。

そこでベネディクトゥスはスビアコを去り、ローマとナポリの中間にあるモンテ・カシノ（カシノ山）に移って、修道院を建設。彼の妹も近くに女子修道院を建てました。女性にも神に仕えるための修行の場をと考えたのですね。

彼は「ベネディクトゥス戒律」をつくって、これを修道士たちに厳格に守らせました。その教えは「祈り、働け」という言葉に象徴されています。皆さんも教科書で見た記憶があるかもしれませんね。禁欲・清貧・服従を旨とし、宗教的活動や読書をするほかに、畑を耕すことに象徴される活動を奨励しました。

彼の教えは、正しいキリスト教徒としてのあり方を説いたものです。しかし、その教えを極めていくと、教皇の権利や教会制度を批判することにもつながりかねません。

キリスト教は長い歴史をもっていますが、やはりその流れの中で、信仰に対する考え方や指導的立場にある人々の態度にも変化があり、権力を盾に私腹を肥やしたり、聖職者にあるまじき怠惰な生活におぼれたり、といった姿も見られるようになりました。頂点に立つ教皇にもそれぞれの考え方やキリスト教に対する向き合い方があるので、誰が教皇になるかによって、政治を担う国王との対峙の仕方も変わります。

異端審問が制度化されていく

異端審問が制度化されたのは12世紀後半のこと。教会をとりまとめる立場の司教が支配する区を巡回して、「異端」の思想をもつ人（容疑者）を探し出すことが決まりました。

「異端」の容疑者を捕らえて裁判にかける手続きが決められたのは、13世紀の公会議においてでした。その後、異端者を裁く異端審問官が設置され、異端審問官には、フランシスコ会とドミニコ会という2つの修道院の修道士が任命されることになりました。なぜなら、この2つの修道会は極端に厳しい清貧生活を送ることを旨とし、しかもそれに反する人たちに対して過激な姿勢をとっていたからです。彼らの性格が、異端者を厳しく取り締まり、裁いて処罰するのに適任だと考えたわけですね。しかしそれは、教皇をはじめとした権力者への批判をそらすためでもあったのです。

教会の腐敗を批判した宗教改革の先駆者たち

ルターといえば、16世紀にキリスト教の宗教改革を始めた人として有名ですが、ルターより100年ほど前に教会の改革を唱えて「異端」とされ、処刑された人たちがいます。イギリスのウィクリフと、チェコ（当時のベーメン／現在のボヘミア）のフスです。

中世ヨーロッパ社会が封建制だったという勉強をした記憶はありますか。教会を中心に町がつくられ、農民たちが土地を耕し、税を教会に納めていました。教会はミサを行う場所ですが、聖職者が修行生活を行う場所として修道院がつくられました。土地（所領）は修道院のトップ（修道院長）が領主として支配していたので、修道院長が実質的な統治の権限を握っていました。

前にお話しした教皇権の絶頂期のところで、俗人が聖職者になったり、その地位を売買したりすることは教会の腐敗につながるというお話をしましたが、教会の腐敗を批判し、聖書の教えを大切にする聖書中心主義の立場をとったのが、ウィクリフでした。つまり、宗教改革の先駆者です。

聖書をラテン語から母国語に翻訳する

オックスフォード大学の教授だった神学者ウィクリフは、一部の人しか読むことができなかったラテン語で書かれていた聖書を、一般の人にも読めるように英訳しました。これは、各国語訳の聖書の先駆けとされるだけでなく、英語という言語の発達にも貢献したと言われています。

ウィクリフは聖職者でもありましたから、イギリス王付きの司祭となって、イギリスがローマ教皇から政治的・宗教的に独立することを主張しました。また、教会が財産をもつことは腐敗につながると批判したので、ウィクリフの主張は教皇と対立関係にある国王や貴族などに支持されました。

ウィクリフの影響を受けて教皇の世俗的な権力を否定し、教会の改革を主張したのがプラハ（カレル）大学教授のフスでした。フスもまた、多くの人々が読めるようにと聖書をチェコ語に翻訳し、チェコ語で説教をしました。プラハを中心としたベーメン（ボヘミア）は、当時のドイツ（神聖ローマ帝国）の一角をなす地域で、ドイツ人とチェック人（チェコ人）が共存していました。そんな地域でチェコ語だけで熱心に教えを説くフスの姿は、多くの人の共感を得たといいます。

フスの話の内容はどのようなものだったのか、見てみましょう。

「フスの説教の中身は、残された原稿からほぼその全容を知ることができる。彼は聴衆に向かって説いた。現在の教会の悲惨な状態は、聖職者の不道徳に原因がある。その人が本当に聖職者といえるかどうかは、彼が本当に神の言葉を説いているかどうかで判断すべきであり、教皇や司教が彼を承認したかどうかは重要ではない。利益ばかり追い求め、教会で商売まがいの活動をしている司祭は、本当の司祭ではない。もったいぶった長たらしい祈りを唱えつつ、キリストを冒瀆《ぼうとく》するようなことを平気でしでかすような修道士は、本当の修道士ではない。この世に生きる人々は、どのような身分であるかにかかわらず、神から与えられた職務を守って正しい生活を送り、悪がはびこらないよう十分に注意しなければならない。この世の終わりに皆が天国に行けるようにするには、それ以外に方法はないのだ、と。」（薩摩秀登著『物語 チェコの歴史 森と高原と古城の国』）

教会で商売まがいの活動をしているとか、もったいぶった長たらしい祈りを唱えているとか、その姿が想像できてしまうので、なんだかおかしいですよね。いつの時代も権力をもった人たちはそんな風に堕落してしまうのか、という思いにもなります。

フスは、15世紀のはじめ、当時のローマ教皇がナポリ王と戦争をする費用に充てるために贖宥状《しょくゆうじょう》（免罪符）を出したことを批判し、ローマ教会から破門されてしまいます。それでもなお、キリスト教徒として正しい道は何かや、聖書の教えに従って行動することの大切さを説いてまわり、彼の教えは全ヨーロッパに広がりました。

聖職者に都合が悪い人が「異端」!?

フスは、聖書の教えと違うことをするのであれば、教皇でも司祭でも批判してかまわないと考えていました。しかし、聖職者という立場を利用して、しばしば市民に怪しげな理由で金品を要求したり、その金品をカトリック教会の中枢部に流したり、そこに寄生するようにして甘い汁を吸っている聖職者たちからしてみれば、フスは邪魔な存在、つまり「異端」に違いなかったのです。

ちょうどフスの問題が起こったとき、ふたりの教皇が並び立つ教会大分裂（大シスマ）を何とかしなければという機運が高まっていました。そこでドイツ皇帝がドイツ南部コンスタンツに公会議を召集しました。

フスはこの会議に召喚され、自身の思想や行動を糺《ただ》されますが（異端審問）、命と引き換えにしても信念を曲げることはありませんでした。結果、彼の考えは「異端」とされ、火刑に処せられたのです。

同じコンスタンツ公会議では、フスに影響を与えたウィクリフの考えも審問され、「異端」と決定。ウィクリフは約30年前に亡くなって埋葬されていたにもかかわらず、遺体を掘り起こして彼の著書と一緒に焼き払い、遺灰をテムズ川に投じたというのですから、今の私たちから見れば狂気の沙汰のように思えます。結局、権力をいいことに財産をもったり裕福な生活をしたりしていた聖職者たちによって都合よく使われたのが（当事者たちは否定するかもしれませんが）「異端」という言葉だったともいえます。

フスの名誉が回復されたのは、なんと1999年のこと。当時の教皇ヨハネ・パウロ2世によってでした。バチカンで開かれた「ヤン・フスについての国際シンポジウム」で「フスに課せられた過酷な死と、その後に生じた紛争に対して、深い哀惜の意を表明する」という声明を読み上げたのです。15世紀の公会議で決まった内容を覆《くつがえ》すようなはっきりとした言い方ではありませんでしたが（宗教的配慮、忖度だったのかもしれません）、実に600年近くもかかってフスの名誉は回復されたのです。

「魔女狩り」とは何だったのか

異端審問とならんで、魔女裁判もまた無実の人の命を奪うものでした。アメリカのトランプ前大統領が、2020年に行われた大統領選挙の結果をめぐって介入を行った疑いや、ロシアが選挙に介入したのではないかという疑惑の捜査などに対して、ことあるごとに「魔女狩りだ」と発言しています。濡れ衣だ、という意味で使っているようですが、そもそも魔女狩り自体にキリスト教が関係しています。

『魔女狩り　西欧の三つの近代化』（黒川正剛著）には、魔女狩りについて、次のように書かれています。

「さて今から四五〇年ほど前、西ヨーロッパの各地で魔女狩りが頻発するようになった。

罪状はおおよそ次のようなものだった。悪魔の手下とみなされた多くの女性、すなわち魔女たちが、悪魔の助力を得て、魔術を使って人間、家畜そして穀物などに損害を与えている。突然の死亡、罹患、身体障害、そして不作などがその内容である。また彼女たちは、深夜に人里離れた場所に箒《ほうき》や山羊にまたがり空中を飛んでやって来て宴を催し、そこで神を否定して悪魔を崇拝し、悪魔に幼児を生贄《いけにえ》として捧げ、その肉を食べ、ダンスに興じ、果ては乱交にふけっている。幼児の肉は軟膏の原料としても使用する。大釜で幼児とその他の材料を煮てできた軟膏を箒や股間に塗って空を飛ぶのである。悪魔と魔女たちの目的は、キリスト教社会の壊乱と転覆であった。このおどろおどろしい魔女たちの夜の宴を「サバト」という。

魔女狩りが激化するのはおおよそ一五六〇年代から一六三〇年代にかけてのことだが、そのきざしはすでに一四三〇年代に見られた。結局、十五世紀前半から十八世紀後半にかけて約四万人の人々が「魔女」として処刑されたと言われている。

いったい、魔女狩りとは何だったのか。」（『魔女狩り　西欧の三つの近代化』）

恥ずかしながら私の場合、「魔女」といえばおとぎ話に出てきて魔法を使う人、つまり魔法使いと同じような感覚でしかありませんでした。ちょっと怖いけれど、魔術を使える力にあこがれる、と言ったらいいでしょうか。しかし、中世ヨーロッパ世界では、「魔女」は悪魔の使いで、魔術を使って占いをしたり、悪魔を呼び寄せて人々の生活をめちゃくちゃにかき乱したりする、キリスト教世界を破壊しうる存在だと考えられていたのです。誰がその姿を見たのか、と聞いても見た人はおらず、でも、宗教改革を始めたルターでさえ、「魔女」の存在を肯定する文言を残していて、処罰を否定しませんでした。

無実の人たちが犠牲になった「魔女狩り」

「魔女狩り」は、中世以来のキリスト教社会における慣行で、「魔女」とされた人を裁判にかけ、有罪判決をくだし、拷問や火刑に処することを言います。「魔女」には男性も含まれていましたが、社会における女性蔑視や不満、不安のはけ口として魔女狩りが利用されたということもあったのでしょう。多くの無実の人々が火刑に処されるなどして犠牲になったのです。ジャンヌ・ダルクも同様で、フランスを救ったにもかかわらず火刑に処されました。

先ほど、魔女狩りについて書かれた本から引用しましたが、その中に「サバト」という言葉が出てきました。実は、15世紀に異端審問官が書き残したある書籍では、魔女たちの夜の宴を「シナゴーグ」と言っています。その後、時間が経つにつれて、シナゴーグという言い方が「サバト」に変化していったようです。

言うまでもなく、シナゴーグはユダヤ教の人たちが礼拝をする教会ですし、サバトは「シャバット」つまりユダヤ教の人たちにとっての安息日（金曜日の日没から土曜日の日没まで）で、聖なる日のことです。要するにユダヤ教由来の言葉が「魔女狩り」の言葉として使われたのです。

ユダヤ教徒に対する迫害が加速するのは、西ヨーロッパが危機の時代を迎えた14世紀以降のこと。異端審問官にとっての取り調べの対象が、単にキリスト教の「異端」とされた人たちだけでなく、ユダヤ教徒や「魔女」とみなされた人たちにも広がっていったのです。

しかし、魔女たちの宴を見たという人たちに確固たる証拠はなく、最初のうちは人々が集まって占いをしたり呪術を行ったりしている場合でも、キリスト教を否定するような異端思想をもっていないことが確認されれば、取り締まりの対象ではありませんでした。しかし社会の不安定さや人々の不安からくる想像や幻想によって、どんどん差別がエスカレートしていったのです。それは、現代のネット社会という空間で発信されるフェイクニュースや陰謀論にも共通するものを感じます。

第4章　ユダヤ人がチョコレートをフランスへ

ヨーロッパで最初にチョコレートを手にしたスペイン

現在の考え方や価値観で判断したときに、異端審問や魔女裁判（魔女狩り）が正しかったとは到底思えません。しかし、歴史とは不思議なもので、キリスト教とイスラム教の対立やキリスト教（カトリック）によるユダヤ人に対する迫害があったからこそ、チョコレートという食べ物が一般の人たちの手に渡り、それがヨーロッパに広がり、ひいては日本にも入ってくるのですから、ある意味、皮肉なものですよね。

ここからは、ヨーロッパの国々とチョコレートの関係について、歴史的に見ていきたいと思います。

ヨーロッパでいち早く、チョコレートを手にしたのは、言うまでもなくスペインです。第1章でもお話ししたように、マヤ文明やアステカ文明の時代、チョコレートは特権階級の飲み物でした。

原料となるカカオは、アステカ王国の勢力下にあった各地から首都に運ばれてきて、貢ぎ物として納められていました。しかし、１５２１年にコルテスがアステカ王国を滅ぼすと、スペイン人が貢ぎ物だったカカオを受け取るようになったのです。

スペイン人は、支配下においたメキシコを中心に、庶民にカカオドリンクを飲む習慣を広めました。その売り上げはスペイン人が手にしました。原住民のインディオの人たちは、カカオ豆をすりつぶしただけで甘味のないものを飲み続けていましたが、ちょうど同じころ、メキシコに砂糖が入ってきたので、美味しい甘味のついたカカオドリンクを飲む習慣が一気に広まりました。17世紀末までは、メキシコが世界最大のカカオ消費地でした。

スペインでは特権階級の飲み物だった

一方、スペイン人が母国に持ち帰ったカカオも、スペイン国内に広がっていきます。国王に献上されたカカオは、焙煎《ばいせん》してすりつぶしたあと、水や砂糖を加えて温め、甘味をつけて美味しく飲めるようにしました。

砂糖もカカオと同様に、当時は薬として扱われていました。輸入品のカカオも砂糖も貴重なものだったので、王室をはじめ、カトリックの聖職者や貴族など、特権階級の人たちだけが口にできるものでした。

チョコレートは、地位と富の象徴だったのです。甘くて美味しい飲み物としてのチョコレート。今のココアのルーツですね。本書では、メソアメリカで飲まれていたものをカカオドリンクと呼んできましたが、ここからはチョコレートと呼んでいきたいと思います。

美味しく加工されたチョコレートは、16世紀から17世紀にかけて、ヨーロッパ各地に広まっていきました。

修道院でチョコレートが作られた

カカオの調理をする舞台のひとつとなったのが修道院でした。スペインのカタルーニャ地方に今も残るポブレー修道院は、12世紀半ば、イスラム教徒に占領されていたバルセロナ地域を、レコンキスタ（国土回復運動）によってイスラム教徒から奪回した勝利の記念として建設が始まった修道院です。

何世紀もかけて建てられた荘厳で大規模な建物の2階には「チョコレートの間」があって、ここでカカオが調理されたといいます。ポブレー修道院は、1991年に世界文化遺産に登録されています。この修道院では、カカオと一緒にヨーロッパにもたらされた香辛料などを加えて苦味を消し、砂糖と水を足して温めることによって、香りのよい美味しいものに進化させていったのです。

断食中にチョコレートを飲んでもいいのか

王侯貴族や聖職者たちがとりこになったチョコレートでしたが、この貴重な飲み物は、滋養強壮に役立つ薬としての意味合いが強いものでした。美味しいうえに、飲むと元気が出るので、毎日飲みたいと思う一方で、キリスト教徒にとって、難しい問題に直面することになりました。

それは、断食です。

断食は、どの宗教にも見られる修行です。キリスト教では、イエスの復活を祝う春のイースター（復活祭）の前の時期に、1日の食事を1回に減らしたり、肉を食べない日を設けたりすることで、イエスの苦難を追体験することを現在でも教えとしています。

当時の聖職者たちの間では、この断食の時期にチョコレートを摂取していいのかどうかが大問題になりました。昔も今も、断食の期間に全く食べ物を口にしないわけではなかったのですが、食事と食事の間には、飲み物しか口にすることができませんでした。

断食中は栄養不足になりますから、滋養に富むチョコレートが飲めれば、聖職者たちにとっては好ましいですよね。また、滋養強壮に役立つものという認識でしたから、薬としての性格ももっていました。薬であれば、断食中に飲んでも問題ないというわけです。

100年も続いたチョコレート論争

チョコレートは飲み物なのか、食べ物なのか、はたまた薬なのか、という論争が巻き起こりました。実際、このころのチョコレートは、まだドロドロとした状態のものだったので、何とも判断ができなかったのです。

もともとのルーツであるメソアメリカでは飲み物として飲んでいたのだから問題はないとか、砂糖やハチミツなどは水に溶けているから問題ないけれど、カカオはすりつぶして混ぜてあるだけなので食べ物としての性質が変わっていないから食べ物だとか、少しだけ飲むなら問題ないとか、あらゆる角度から議論されました。

そして16世紀半ば、当時のローマ教皇ピウス5世が、実際にチョコレートを摂取して判断を下しました。

「これは飲み物だから、断食中に摂取してもかまわない」

しかし、これに対して、カカオは脂肪分が多く、体温を上昇させる作用もあるので「食べ物だ」と主張して、チョコレートを摂取するのはキリスト教の戒律に違反すると主張した医師があとを絶たなかったといいます。

また、時が経つにつれて、カカオの調理方法も進化し、水のほかに卵やミルクを加えたり、粉末にしたトウモロコシを加えたりといったことも行われていたので、どの調理方法なら「飲み物」また「薬」と言えるのか、という論争がますます複雑になっていきました。

16世紀から17世紀にかけて、100年もの間論争が続いたこの問題は、「カカオに水を混ぜた程度のものなら、よしとする」という説に落ち着いていきました。

食べたことがないものへの宗教的な躊躇《ちゅうちょ》

なぜ、こんな論争が巻き起こったのでしょうか。これはカカオに限ったことではなく、「コロンブスの交換」でヨーロッパにもたらされたトマトやジャガイモなどの新しい到来品に対しても同様のことが起こったといいます。なぜなら、食べたことがないものを口にすることは、キリスト教の原罪《げんざい》を思い起こさせるからです。

アダムとイブが禁断の実を食べたことから、人類の罪が始まるということを、何となくだけど知っている、という人は多いのではないでしょうか。この話は、

『旧約聖書』の最初にある「創世記」に書かれています。アダムとイブが神の教えに背いて、禁断の実を食べたことが、人類最初の罪である「原罪」です。人間が罪を犯す存在となったのは、この原罪を引き継いでいるからだという考え方ですね。

この禁断の実はリンゴだとされていますが、食べたことがないものを口にするとき、キリスト教を信じる人たちはこのことを想起してしまい、何か理由をつけないと食べることがためらわれたのです。日本にも「食わず嫌い」などという表現がありますが、初めて見たものを口にするとき、「神の教えに背くことになったらどうしよう」という思いが頭をよぎり、食べるにはきっと勇気がいったことでしょう。トマトなども、青い実が赤く変化することから、最初のうちは観賞用の植物として扱われていたのですから、何とも不思議ですよね。

スペインで迫害されたユダヤ人がフランスへ

そんな論争まで巻き起ったチョコレートが、スペインからフランスに伝わるきっかけとなったのが、第3章で述べた異端審問でした。スペインとポルトガルが位置するイベリア半島からイスラム勢力を追い出したレコンキスタが終わったのが1492年のこと。スペインのイサベル女王の支援でコロンブスがインド航路の開拓に出発した年です。

カトリック以外の宗派や宗教を「異端」としたスペインは、イスラム教徒を追い出すと同時に、ユダヤ人追放令を出しました。この地をイスラム教徒が治めていたときには、唯一の神を信じる「啓典の民」としてユダヤ人も一緒に暮らすことが認められていたので、スペインには多くのユダヤ人がいたのです。

ユダヤ人追放令が出された結果、ユダヤ人は、改宗してカトリック教徒になるか、国外に脱出するかを迫られました。この地に残るために表向きはカトリックに改宗した人もいましたが、その後に異端審問を受けて告発され、迫害を受けたり、虐殺されたり、といったことが起きました。

逃げたユダヤ人たちは、いったんポルトガルに移り住みますが、16世紀半ばになるとポルトガルでも異端審問が始まったため、さらに逃げ場を探しました。

その逃げ場となったのが、スペインとの国境近く、フランス領バスク地方のバイヨンヌです。

カカオがもたらされ、チョコレート文化が栄える地域に共通しているのが、港町やそこに近い地域であること。バイヨンヌもマルセイユやボルドーなどとならんで古くから貿易港として栄えた町です。

ユダヤ人がチョコレートをフランスに持っていく

バイヨンヌには、スペインが追放令を出した15世紀末からユダヤ人が移り住んできていましたが、スペインやポルトガルでユダヤ人への迫害が激しくなると、両国と敵対関係にあったフランスでは、1550年、ユダヤ人を受け入れ、居住が許されることになりました。

フランスでも、14世紀にユダヤ人追放令が出されていたのですが、金融業や貿易商として財を成していたユダヤ人たちの力に頼る部分もあって、居住が黙認されていた地域も存在しました。経済力のあるユダヤ人たちは、英仏百年戦争で荒廃したフランスの立て直しにも寄与した功績があったので、居住が認められた形です。

迫害されたおかげ、というのも妙な言い方ですが、ユダヤ人は、スペインにいる間にチョコレートの作り方を覚え、それをフランスのバスク地方の町バイヨンヌに持ち込みました。

また、ユダヤ人は自分たちの祖国はありませんでしたが、職業を限定されていたため、国を超えた商業ネットワークをつくり上げており、カカオの入手ルートも確保できていました。バイヨンヌも貿易港として栄えた町だったので、容易にカカオを輸入することができたのです。

およそ100年後の17世紀半ばには、バイヨンヌでチョコレート産業が栄え、さらに19世紀半ばには、34ものチョコレート店が軒を連ねました。この数は、当時のスイス全体のチョコレート店の数よりも多かったそうです。

ユダヤ人が逃れたフランス・バスク地方

バスク地方は、フランスとスペインの両方にまたがっている。
スペインで弾圧されたユダヤ人は、
フランス領バスク地方のバイヨンヌなどに逃れた。

バスク地方に残るチョコレート文化

チョコレートの本を書くことになって、私が最初の取材先に選んだのが、フランスのバスク地方でした。迫害されたユダヤ人がヨーロッパにチョコレートをもたらした、ということを知り、歴史をたどりたくなったのです。

現在は、ユダヤ人の方が経営するお店は残っていないそうですが、「大航海時代」にヨーロッパにもたらされたものやチョコレート文化が発展してきたことを肌で感じることができる場所やお店がいくつもありました。

パリから飛行機で1時間ほど。さらに車を小一時間走らせて、最初に訪れたのがエスペレット村。別名「赤ピーマンの村」とも言われています。

私が訪れたのは、3月の末。緑豊かな山々を望む村には、日差しがたっぷりと降りそそいでいました。小さな村の建物は、赤い屋根に白い壁で統一されています。そして壁の一面に、紐《ひも》でくくられた赤ピーマンがすだれのように干してありました。そうなんです！　この村の名産品のひとつは、赤ピーマン。

なぜだか、わかりますか。ヒントは「コロンブスの交換」。17世紀のころ、海に近いバスク地方で盛んだった生業のひとつが、捕鯨でした。鯨を求めて航海に出るうちに、香辛料や野菜の種や苗などが持ち帰られ、それらの栽培が定着していったのです。

赤ピーマンもそのひとつ。毎年秋口に収穫された赤ピーマンを干しているうちに、この光景が町のシンボルになったとか。小さな村には、砂糖や香辛料などを売るお店もあって、「大航海時代」の名残を感じることができます。赤ピーマンを粉末にしたり、オイル漬けにしたりして加工したものを売るお店、赤ピーマンをプリントした生地で作った小物を売るお店などもあり、歩くだけで楽しめる村です。

この村の老舗アントン（Antton）というチョコレート店で取材させてもらいました。一般の人でも予約をすれば、店の奥にあるチョコレート工場の見学もできます。店頭には、粉末にした赤ピーマンや香辛料をチョコレートに混ぜ込んだ、この村ならではの商品がありました。一口食べて少しすると、辛さが舌にしみてきますが、なかなかクセになる味でした。このあとにもご紹介していきますが、チョコレートはさまざまな素材との組み合わせが可能な食べ物です。カカオの魅力、恐るべしですね。

ショコラティエールと「ロひげのカップ」

次に訪れたのが、海辺の町ビアリッツです。店が立ち並ぶ通りを歩いていると、数軒に一軒はチョコレートのお店。なぜ、こんなにお店があるの？　と驚いたほどです。

ビアリッツはリゾート地といった雰囲気ですが、そこからほど近いバイヨンヌは、観光の中心地。レストランや土産物店、バスク地方の文化を紹介する博物館もあります。バイヨンヌには、ビアリッツ以上にたくさんのチョコレートのお店がありました。

中でも私が感激したのが、プヨデバ（PUYODEBAT）というチョコレート店。チョコレートを販売するほか、サロン（ティールーム）が併設されているのですが、サロンにはきらびやかなカップ＆ソーサーと、ホットチョコレートを泡立てるためのショコラティエールというポットのコレクションが所せましと並べられていました。

チョコレートは、スペインに入ってきてから、砂糖や香辛料を加え、温めて飲む調理法が考案されました。さらに味をよくするために、泡立てることも行われるようになりました。泡立てるとなめらかでふんわり口当たりがよくなり、苦味が緩和されるんですね。ショコラティエールの蓋には穴が開いています。ポットの中に木製の攪拌棒《かくはん》（モリニーリョ）を入れ、蓋をして棒を回して泡立てます。

そして、カップの飲み口は3分の1くらい塞がっていて、穴が開いています。このカップの名前は、フランス語でLa Tasse à Moustache「口ひげのカップ」と言います。どうしてこんなカップが生まれたのでしょうか。

チョコレートは、滋養強壮に役立つ飲み物と考えられていたので、兵士たちにも好んで飲まれました。当時は男性たちの間で口ひげを生やすのが流行っていて、特に兵士たちは口ひげを生やすのが決まりで、ワックスで固めていました。そのため、普通のカップだとチョコレートがひげについてしまい、ワックスがカップの中に溶けだす心配があったんですね。そこで考え出されたのが、この口ひげのカップでした。考案されたのは、1860年代のイギリスで、ハービー・アダムズという人によると言われています。

私もこのサロンで、口ひげのカップにショコラティエールで泡立てたホットチョコレートを注いでもらって飲みました。ひげがあろうとなかろうと、口のまわりにチョコレートがつかないので、とても快適に美味しく飲めましたよ。

今では、この口ひげのカップもショコラティエールも、蚤の市に行ってもなかなか見つからない貴重なものですが、取材のさなか、手に入れることができました。両方とも、フランスの食器の有名ブランド、リモージュ製のもので、ショコラティエールはパリのチョコレート店で偶然手に入れたのですが、口ひげのカップの方は、なんとメルカリ(!)の掘り出し物です。ショコラティエールもカップもわが家の家宝として大切にしまってあります。

口ひげを生やすことは、第一次世界大戦が終わったあとには時代遅れとなり、

ショコラティエールから突き出ている攪拌棒を回して、ホットチョコレートを泡立てる。

ホットチョコレートを注いでもらった口ひげのカップ。右にあるのは生クリームで、ホットチョコレートに入れて飲む。

口ひげのカップの生産も行われなくなってしまいました。ですから、こちらのお店にあるコレクションは、貴重なものばかり！　器からも歴史をたどることができるなんて、チョコレートは奥が深いですね。

チョコレート・アカデミーとチョコレート・ギルド

１９９３年、バイヨンヌでは、町おこしのためにチョコレート産業を盛り上げようと、チョコレート・アカデミーとギルド（生産者組合）を発足させました。ギルドのメンバーになるためには、アカデミーの厳正な審査に合格する必要があります。ギルドのメンバーにならないお店ももちろんあります。

アカデミーでは、バイヨンヌのチョコレートの歴史や技術の伝承、チョコレートの魅力を発信するために新しいレシピの考案や紹介イベントなどを行っています。チョコレート産業が最も盛んになったのは19世紀のころで、今も3代目、4代目が継いでいるお店も少なくありません。

新しい商品の開発や、伝統を守っていくために欠かせないのが「味覚」。あるギルドのメンバーのお店では、味覚のレッスンをするための、カカオの種類や配分が異なるチョコレートのセットも販売していました。

年に一度、11月初旬に、町をあげてのチョコレート祭りも開かれます。カカオの魅力を存分に生かした料理のレシピや、新作のスイーツなども食べられるそうです。機会があれば、一度足を運んでみたいですね。

第5章 王家の結婚がチョコレートを広めた

スペイン王女との婚姻でチョコレートがフランスへ

ユダヤ人がスペインからフランスにチョコレートを作る技術をもたらしたことを第4章でお話しししました。このほかに、フランスにチョコレートがもたらされたルートが2つあったのではないかと言われています。

ひとつは、修道院同士のつながりで、スペインの修道士がフランスの修道院を訪問した際に持ち込まれたのではないかということ。

もうひとつは、王家の子女同士が結婚する際に、一緒に食文化ももたらされたケースです。フランスの場合、ルイ13世と14世が、スペインの王女と結婚したことによって、スペイン王室ですでに愛飲されていたチョコレートがフランス王宮に運ばれました。

宮廷でチョコレートをふるまう専門職も

スペインには、フランスに先駆けて、「大航海時代」が始まって間もない16世紀初頭に、アステカ王国を征服したコルテスからカカオに関する情報が届いていました。

16世紀半ばに王位についたフェリペ2世は、退位した父君から広大な領土を引き継いだうえ、ポルトガル王も兼ねるようになり、「太陽の沈まぬ国」と呼ばれる大帝国を築きました。

彼の在位中に、スペインでもポルトガルでも、宮廷ではチョコレートを飲む習慣ができましたが、特にポルトガルには、チョコラテイロと呼ばれるチョコレート専門の役職がおかれるようになりました。

チョコラテイロの仕事は、宮廷でチョコレートをふるまうことと、負傷したポルトガル兵士たちにカカオから抽出した薬を処方して手当をすることです。サロンのマスターのような仕事をしたほか、医者や看護師、薬剤師のような能力をもった人物だったのですね。

宮廷において、チョコラテイロは豪華なテーブルを演出する責任を負っていました。カップやポットなど美しい食器への強いこだわりはもちろんのこと、チョコレートと一緒に砂糖菓子やコンフィチュール（果物の砂糖漬け）、ビスケットなどをテーブルに並べて客人をもてなしました。

また、王立病院では、カカオ豆から抽出した成分を使って、傷病兵《しょうびょうへい》の手当にあたりました。ポルトガルが南米ブラジルを植民地にしていたことはよく知られていますが、ブラジルでは、本国との風土や気候の違いから、皮膚病を患う兵士が多かったといいます。ブラジルは熱帯、亜熱帯、温帯気候にまたがる広大な地域ですから、無理もないですよね。

そこで、カカオを焙煎《ばいせん》して砕き、カカオマス（カカオをすりつぶしてドロドロにした状態のもの）を圧搾《あっさく》してカカオバターを抽出し、それを薬として皮膚に塗布《とふ》しました。カカオバターは植民地の軍病院や海軍船にも常備薬として欠かせないものでした。もちろん、滋養強壮などを目的にチョコレートも処方されましたが、カカオには外用薬としての効能もあったのですね。チョコラティロは、王侯貴族だけでなく兵士たちにとっても欠かせない存在となりました。

スペインのフェリペ2世が、ポルトガル王も兼ねたことで、チョコレートはスペインとポルトガルの両国で広がっていったのでしょう。

マリ・テレーズはチョコレート職人とともに嫁いだ

宮廷でチョコレートに親しんでいたスペインの王女マリ・テレーズは、わざわざチョコレート職人を連れてルイ14世のもとに嫁ぎました。フランスの宮廷で行われる晩餐会でも、チョコレートをふるまい、招待客たちを魅了したと言われています。高価で貴重でめったに口にすることのできなかったチョコレートで客人をもてなすことで、富や権力を誇示したのでしょう。

このころは、まだまだチョコレートは「薬」のような感覚で飲まれていました。日常生活で飲むのは、朝起きてベッドから出て、食卓に向かうまでの間の時間。起き抜けの気だるい身体を目覚めさせるのはもちろん、「媚薬《びやく》」のようにも思われていました。強壮剤のような効果も期待されていたんですね。

なぜ同じ名前の王が多いのか

ルイ13世とルイ14世の時代は、フランスの絶対王政が確立する時期とも重なります。

とはいえ、きっと学校の授業で世界史嫌いだった方たちは、カタカナで表記された王朝の名前をはじめ、同じ名前の国王が数字（即位）の順に並んでいるだけだと、誰が誰だかさっぱりわからなかった、だから苦手だ、と思っていたのではないでしょうか。教師時代に私自身もそう思いながら、何とかわかりやすくできないかと悩みつつ高校での授業に臨んでいました。

まず、王朝の名前です。ルイ13世やルイ14世はブルボン朝の王ですが、そのブルボン朝の最初の王は、アンリ4世です。名前のどこからも「ブルボン家」を感じられないので、わからない意識が高まるのではないかと思います。アンリ4世の正式名称は、「アンリ・ド・ブルボン＝ヴァンドーム」。ブルボン（＝ヴァンドーム）家の一族なのですね。ブルボンという名称は、所領のあった地名とお城の名前が由来です。実はアンリ4世は、フランスのバスク地方の出身で、この地域の王も兼ねていました。第4章で紹介したように、この地域は、スペインとの国境近く、ユダヤ人が移民してきてチョコレートを伝えた地域です。

王に同じ名前が多いのは、血統が重んじられ、誰の子かということが重要視されたからです。特に戦いに勝って土地を征服した男性の名前は大事にしていました。父と息子が同じ名前の場合も多く、息子にJr.（ジュニア）をつけて呼ぶなんていうことは、アメリカなどで今でも行われていますね。

王を見分けるために綽名《あだな》をつけた

そこで、それぞれの王を区別するために、個性を生かした「綽名」がつけられました。

例えば、ルイ13世は「正義王」という綽名でした。その由来は、彼の誕生日からきています。ルイ13世は9月27日生まれの天秤座。左右の重さを正しく釣り合わせる天秤は、その正確性から、公正な裁判とか正義を象徴するものなので、自分が公正であることを主張したくて自らが好んで使ったといいます。

またルイ14世が「太陽王」と呼ばれた国王だったということは有名です。ではなぜ「太陽王」という綽名がついたのでしょうか。彼はフランス絶対王政最盛期の国王で「朕《ちん》は国家なり」の発言で知られています。私は勝手に、太陽のようにふるまった王だったから、などと想像していたことがありました。それは当たらずとも遠からじ、でした。

実は、ルイ14世はバレエが大好きで、自らも舞台に立つほどでした。14歳のときに「夜のバレエ」という演目で演じた役が、ギリシア神話に登場する「太陽神アポロン」。金糸の衣装に太陽を模した金髪の髪型に整え、見事な踊りを披露したそうです。以来、太陽神アポロンがルイ14世の当たり役となって、本人も大のお気に入りでした。

「太陽王」ルイ14世が造営したヴェルサイユ宮殿

そんな「太陽王」ルイ14世時代の特徴といえば、ヴェルサイユ宮殿の造営に代表される華やかな宮廷政治。先代の父ルイ13世までは、フランス王の拠点はパリのルーヴル宮殿でした。現在は、絵画モナ・リザを所蔵することでも有名な美術館ですね。

パリ郊外にあるヴェルサイユの地は、父ルイ13世が狩りのときに使っていた小さな城館があった場所。ルイ14世も気に入っていて城館の改築を始めました。当初は宮殿にする予定はなく、大規模な祭典を開催する場所をつくることが目的でした。そのため、建物よりも庭園づくりに重きがおかれ、馬術競技大会や野外演劇、花火の打ち上げショーなどが多くの観客を招いて行われました。もちろん、祭典ではルイ14世お得意の太陽神アポロンの舞も披露されたそうです。次第に王のヴェルサイユ滞在期間は長くなり、ここに宮廷を移して定住する大規模な計画が発表されました。豪華絢爛《ごうかけんらん》なヴェルサイユ宮殿の誕生です。

王の権威が絶対化し宮廷貴族が生まれる

ヴェルサイユ宮殿の造営には、大きな意味がありました。これより前の時代、絶対王政が確立していなかったときには、国王の権力は今の私たちが考えるほど強くありませんでした。その権威を示すためには、自らが地方に出向いて姿を見せ、お出ましの儀式を行うことが必要でした。各地の貴族も領主として自身の領土を治めるだけでなく、必要があれば剣を携え戦いに臨むことが何より大切で、優雅な宮廷生活など軽蔑の対象ですらありました。

しかし、絶対王政の全盛期と言われたルイ14世の時代になると、国王の暮らしぶりも貴族のあり方も大きく変化しました。

ルイ14世は、巨大なヴェルサイユ宮殿に人を集めて権力を誇示するようになりました。貴族や役人、侍女や召使などおよそ３０００人を宮殿に住まわせ、朝な夕なに儀礼にのっとった儀式を行うことによって王の権威を高めました。これが宮廷儀礼の発達につながっていきます。また珍しい舶来品などを運んでくる商人や請願に来る人などを合わせると、１万人規模の人数を宮殿に収容できたといいます。

宮殿で暮らすようになった貴族は、名誉や富を得るためにも、宮廷で行われる数々の儀式に出席して忠誠心を見せ、国王の寵愛《ちょうあい》を受けられるよう努力しました。

いわゆる宮廷貴族のはじまりです。剣を振りかざして戦《いくさ》を勝ち抜き、自分の所領を守り拡大していた貴族から、王家や上位の貴族の顔色をうかがい、忠誠を示して腹心として働くことによって重要なポストにつくという生き方の貴族に変化していったのです。

こうした宮廷生活の場で欠かせない存在となっていったのが、チョコレートでした。

ルイ14世はカカオ商人に特権を与えた

17世紀、ルイ14世の時代にカカオは高価な到来物でした。口にすることができたのは、もちろん国王はじめ貴族や聖職者のみでしたが、宮廷ではチョコレートを飲むことが日常になっていきました。薬効を期待して、現代で言えばサプリメントに近い性格のものとして飲まれたのではないでしょうか。

カカオのような高価なものを多く手に入れられた背景には、ルイ14世の時代にとられた経済政策がありました。財務総監コルベールによる重商主義です。

重商主義は、国内の産業振興と同時に貿易による経済効果を期待した政策です。

ただ、貿易といっても、基本的には輸出を増やし、輸入品には高い関税を課すという保護貿易の形態をとりました。

当時フランスでは、王立工場を設立してゴブラン織などの毛織物やガラス製品を輸出していました。ゴブラン織とは、タペストリー（壁掛け）やじゅうたん、バッグなどに使われる、重厚で芸術的な織物です。

輸入品としてのカカオは、高級なうえ関税も高かったので、チョコレートを口にできるのは特権階級の王侯貴族に限られました。しかし、富や権力を示す意味でも貴重なものだったので、カカオを取り扱う商人を保護し、政商として特権を与えて活動させました。

フランス南部の交易中心地トゥールーズの商人、ダヴィッド・シャリューは、ルイ14世からチョコレートを独占的に製造・販売する許可を与えられました。政商として特権を与えられた期間は29年。この間に、人々の間にチョコレートを飲む習慣が浸透し、需要が高まってカカオを扱う商人が増えていけば、次第に経済にもいい影響をもたらすのではないかとルイ14世は考えたのです。

トゥールーズはスペインとの国境近くにあり、中南米産カカオが荷揚げされるバルセロナ港にも近い場所でした。シャリューの特権がちょうど切れたころに、フランスのバスク地方でユダヤ人が一般の人たちにチョコレートを普及させたのは、単なる偶然ではないでしょう。

宮廷では、貴族の女性たちがチョコレートをサプリメントのように楽しみました。しかも、ただ愛飲するだけでなく、チョコレートを美味しく優雅に飲むためのポットやカップも考案されました。第4章のバスク地方のところでお話しした、チョコレートを攪拌《かくはん》するためのショコラティエールというポットや攪拌棒（モリニーリョ）、滑りどめの受け皿とカップがセットになったマンセリーナと呼ばれる器など、繊細で美しい食器の数々が考え出されました。

初期のポットは銀製でしたが、フランスでは陶器や磁器に金の縁取りや花柄などをほどこしたものがブームとなりました。チョコレートを飲むだけでなく、器を愛《め》でたり、自慢したり、といった文化がここに誕生したのです。

政略結婚で領土を拡大したハプスブルク家

フランスにチョコレートをもたらしたとされるスペインのふたりの王女。すでに紹介したルイ14世の妃マリ・テレーズも、これから触れるルイ13世の妃アンヌ・ドートリッシュも、ハプスブルク家とゆかりがあります。

ハプスブルク家も、歴史の授業で出てきたけれど、どれほどの存在だったのかはよくわからなかったという方が多いのではないでしょうか。ここでは、ハプスブルク家のことをかいつまんでお話ししたいと思います。

ハプスブルク家と言えば、婚姻関係を結ぶことによってヨーロッパ各国の王位につき、世界中に領土を拡大していった一族として知られています。もともとは、スイス北部の貴族の家系で、山の上に位置した居城「ハプスブルク」（ドイツ語で「鷹の城」の意）が名前の由来です。

スペインでは、カルロス1世がスペイン・ハプスブルク家を創始しました。前述したフェリペ2世の父親にあたります。カルロス1世はハプスブルク家の血筋を引き、神聖ローマ帝国（ドイツ）では皇帝カール5世という名前で即位した、スペイン、ドイツの両方を統治していた人物です。

カルロス1世が皇帝カール5世としても即位したことにより、フランスは、東にドイツ、西にスペインと、ハプスブルク家の一族に挟まれることになり、両者の対立が明確なものとなりました。

しかし、カルロス1世（皇帝カール5世）の時代である16世紀は、ルターが始めた宗教改革が行われ、キリスト教にプロテスタントが誕生した時代でもあります。プロテスタントに対抗する形でカトリックでも改革運動が盛んになり、キリスト教の宗派間の衝突は激しさを増しました。

スペインとフランスは国家としては対立関係にありましたが、宗教的には同じカトリック。カトリック同士としてまとまらないとプロテスタント勢力に立ち向かっていけません。

そこで、フランスのルイ13世が妃に迎えたのが、スペインのフェリペ2世の孫娘にあたるアンヌ・ドートリッシュ。フランスのブルボン朝もハプスブルク家の血統を受け継ぐスペイン王家と血縁を結んだのです。ちなみに、ルイ14世もスペイン王室からマリ・テレーズを妃に迎えましたが、ハプスブルク家の血筋というだけでなく、いとこ同士の結婚となりました。

スペイン・ハプスブルク家を創始したカルロス1世は、弟に神聖ローマ帝国（ドイツ）を、息子のフェリペ2世にスペインを継承させます。ここから、ハプスブルク家がスペイン系とオーストリア系の2つに分かれることになりました。16世紀半ばに起こったハプスブルク家の分離です。なお、オーストリア・ハプスブルク家の当主は、オーストリア大公と神聖ローマ帝国（ドイツ）の皇帝を兼ねていました。

「18世紀のゴッドマザー」マリア・テレジア

ハプスブルク家の分離から200年ほど経ったころ、オーストリア大公として君臨したのがマリア・テレジアです。彼女は、夫と息子に神聖ローマ皇帝の地位を継がせて、自身は国内産業の振興や農奴の労働の負担軽減、軍制の改革などに着手し、教育面では小学校をつくるなどして、国民から支持される存在となりました。

家庭的な人物としても知られ、夫のフランツを愛してやまず、16人の子宝に恵まれました。夫亡きあとは、悲しみにくれて終生黒い喪服で通しました。その末娘が、マリ・アントワネット。フランスと同盟関係をつくり、オーストリアを強国として維持するために、この末娘をのちのルイ16世と政略結婚させました。

「18世紀のインフルエンサー」マリ・アントワネット

フランスに輿入《こしい》れすることになったマリ・アントワネットは、オーストリアの様々《さまざま》な文化をフランスにもたらし、フランス宮廷においてはファッションリーダーとしても貴族たちの憧れの的でした。今で言うインフルエンサーですね。

実は当時、彼女の居城となったヴェルサイユ宮殿にはトイレすらなく、宮殿のあちこちでドレスを着たまま用を足していたので、汚れないようにハイヒールを履いていました。入浴の習慣もなかったので臭いを消すために香水が発達したと言われるほどでした。マリ・アントワネットは、ここにバスタブを持ち込み、侍女たちにバケツでお湯を何度も汲み入れさせ、入浴をしました。

また、王妃として贅《ぜい》の限りをつくし、晩餐会などパーティーが開催されるときには、ヘアスタイルも凝りに凝った、斬新な形を披露しました。髪を大きく膨らませたうえに、庭園や城塞などを模したものをのせていたのです。今ではありえないと思うようなことですが、誰にもまねできない、目立つことをすることが自身の使命のようにも思えていたのでしょう。

「パンがなければお菓子を食べればいいじゃない」という言葉をマリ・アントワネットが言ったとか言わなかったとかいう話は有名ですし、正方形のハンカチや腕時計なども初めて作らせて身につけ、贅沢ざんまいだったと言われています。一方で、子どもたちのおもちゃや衣服などを恵まれない子どもたちのために寄付したり、何より子どもたちを大切に育てていた一面もありました。その面では、母親ゆずりだったのかもしれません。

そのほか、自由奔放な面もクローズアップされることが多く、スウェーデン出身の青年貴族フェルセンとの恋愛が取りざたされたり、無関係だったにもかかわらず宮廷内で王妃の名前を騙《かた》った詐欺事件（首飾り事件）が起こったときには国民から非難を受けたりと、何かとストレスの多い人生を送った王妃でした。

マリ・アントワネットはチョコレートに薬を溶かした

ストレスの多い日々だったせいか、マリ・アントワネットは、チョコレートに粉末の薬を溶かして飲んでいましたが、フランスで飲むチョコレートは、オーストリアで飲んでいたものと違って、苦くて飲むのに難儀していました。

そこで、宮廷の専属薬剤師が、マリ・アントワネットのために考案したのが、チョコレートを固めて食べる方法です。薬を溶かしたチョコレートを浅くて円《まる》い型に流して固めてコインのような形にし、それを王妃に差し出して食べさせました。すると王妃は「パリパリして美味しい」と感激したそうです。

その後、1789年にフランス革命が起こると、マリ・アントワネットは、革命に反対し、王政維持を画策したことで幽閉され、処刑されてしまいます。14歳でフランスに嫁ぎ、37歳で生涯を終えることになったのです。

フランス革命後、王政は廃止され、宮廷で働いていた人たちは、一斉にパリの街に出てお店などを開業しました。宮廷専属の薬剤師だったドゥボーヴ氏も、1800年、パリの中心地サンジェルマン・デ・プレにチョコレート店を開業しました。現在のドゥボーヴ・エ・ガレです。お店は、現在も当時のたたずまいのまま営業していて、マリ・アントワネットのために作られたチョコレートは、「マリ・アントワネットのピストル」という名前の商品として、現在も食べることができます。「ピストル」というのは、16世紀にスペインで使用されていた金貨のフランス名です。

1800年に創業した、パリ左岸にあるドゥボーヴ・エ・ガレ。建物からも歴史を感じられる。

宮廷専属の薬剤師だったドゥボーヴ氏が作った「マリ・アントワネットのピストル」。現在も購入することができる。

第6章

プロテスタントが発展させたチョコレート産業

チョコレートの作り方は宗派によって違う

チョコレートの広まりと生産方法には、キリスト教の宗派が大きく影響しています。これまでお話ししてきたのは、スペインを中心とした南ヨーロッパ、主にカトリックを信仰している国で起こったことでした。

けれども、16世紀の宗教改革によってプロテスタントが広まったイギリスやオランダなど北西ヨーロッパでは、カトリック圏とは違い、チョコレートは工場で生産されるようになりました。

その典型的な例がオランダです。オランダのことを語る前に、背景にあるカトリックとプロテスタントの争いを知っておくと理解の助けになると思いますので、少し横道にそれますが話を聞いてください。

オランダはスペインの支配下にあった

オランダは、17世紀はじめまでスペインの支配下にありました。スペイン・ハプスブルク家を創始したカルロス1世の息子フェリペ2世は、父親からスペインをはじめ、ヨーロッパ各地やアメリカ大陸、東南アジアのフィリピンといった植民地まで広大な領土を引き継ぎました。そのさまは、「太陽の沈まぬ国」と言われたほどです。その領土のひとつにネーデルラントがありました。現在のオランダとベルギーにあたる地域です。ちなみにフィリピンの国名は、フェリペ２世のフェリペに由来してつけられました。

フェリペ２世の母親は、ポルトガル王女イサベルです。フェリペ２世は母親の血統を理由に、１５８０年にポルトガルを併合して同君連合としました。同君連合とは、ひとりの君主が２つの国の上に立つ形態で、国家としてのポルトガルは存在していました。

婚姻関係を結ぶことによってヨーロッパ世界に君臨したハプスブルク家。当然、スペイン・ハプスブルク家２代目のフェリペ２世も、同じ方法を試みました。フェリペ２世は、３回結婚をしています。

フェリペ2世とイギリスのメアリ1世との結婚

最初の結婚で妻に先立たれたあと、フェリペ2世が再婚相手に選んだのは、イギリスのメアリ1世。別名「ブラッディ・メアリ（血まみれのメアリ）」と呼ばれた女性です。

イギリスはもともとカトリックの国。メアリ1世も敬虔なカトリック教徒でしたが、父親のヘンリ8世が、6人の妻をもったという異色のイギリス王でした。父ヘンリ8世の身勝手なふるまいと私的理由によるローマ教皇庁との対立がメアリの人生を翻弄し、「ブラッディ・メアリ」などと呼ばれるようになってしまったのです。

メアリ1世は、ヘンリ8世と最初の妻キャサリン王妃との間に生まれました。6人きょうだい（5人、7人との説もあります）の末っ子で、ただひとりおとなになるまで成長した（生き残った）子どもでした。

ヘンリ8世は自分が妻と離婚できるよう英国国教会を作った

ヘンリ8世は、世継ぎになる王子がいないことに失望していましたが、侍女のアン・ブーリンに魅了されて恋仲になり、アンが妊娠したことがわかります。もしかしたら王子が誕生するかもしれないと考えたヘンリ8世は、アンと再婚するために、カトリックの総本山であるローマ教皇庁に妻との離婚を申請しました。しかし、カトリックでは離婚が認められなかったので却下されました。

とはいえ、生まれてくる子を正式な世継ぎとするためには、公式に離婚、再婚することが必要でした。焦ったヘンリ8世は、ローマ教皇庁の許可がなくともイギリス国内だけで離婚・再婚が認められる法律を議会で成立させ、国王がイングランド教会の頂点に立つ、唯一の最高首長であることを認める「国王至上法」を制定しました。

こうしてヘンリ8世により「英国国教会」が成立します。英国国教会は、カトリック式の儀式を残しつつ、教義にはプロテスタントの考え方を取り入れました。いわば、カトリックとプロテスタントの折衷様式ですね。

アンとの間に生まれたのは女の子でした。のちのエリザベス1世です。しかし、世継ぎの王子には恵まれなかったため、アンを姦通罪《かんつうざい》で処刑し、3番目の妻としてジェーン・シーモアを迎えます。彼女との間には王子が誕生しましたが（のちのエドワード6世）、今度は妻が出産直後に亡くなるという事態に。その後も3人の女性と結婚します。最後の妻に看取られて、ヘンリ8世はこの世を去り、王位は3番目の妻との間に生まれたエドワード6世が9歳で継ぐことになりました。

英国国教会とカトリックの覇権争い

エドワード6世は、熱心な英国国教徒で、国教会のプロテスタント化を推進した人物でした。しかし、病弱だったため、16歳になるのを待たずにこの世を去ってしまいます。

次の王位継承者は異母《いぼ》姉《し》のメアリ1世でした。前述のようにメアリ1世は敬虔なカトリック教徒で、父ヘンリ8世が母キャサリンと離婚するために成立させた英国国教会を憎んでいました。国教会を熱心に支持していたエドワード6世が亡くなって王位についたメアリ1世は、その翌年、国民から不評であると知りながら、極端なカトリック主義者として知られていたスペインのフェリペ2世と結婚したのです。

積年の恨みもあったメアリ1世は、カトリック以外を禁止する法律を制定。数百人の国教徒を処刑したため「ブラッディ・メアリ」と呼ばれるに至ったのです。メアリ1世は、夫フェリペ2世との別居が長くて子どもにも恵まれず、国民の信頼も得られなかったので、最低の君主とも評されました。

「私はすでにイギリスと結婚した」エリザベス1世

メアリが亡くなると、次に王位を継いだのが、エリザベス1世（エリザベス女王）。メアリの母を離婚に追いやったアン・ブーリンの娘、つまりメアリの異母妹《いぼまい》です。

カトリック復活を目指したメアリ1世は、エリザベス1世を一時ロンドン塔に幽閉したことがありました。しかし、エリザベス1世が即位すると、「ブラッディ・メアリ」への反動から彼女に対する国民の期待は非常に大きなものがありました。エリザベス1世は、メアリ1世のカトリック復興政策を否定して父（ヘンリ8世）や弟（エドワード6世）の英国国教会主義を継承。法律も制定して英国国教会制度を確立させました。

「私はすでにイギリスと結婚した」というエリザベス1世の言葉はあまりにも有名ですが、なんとメアリ1世の夫つまりスペイン王フェリペ2世は、メアリが亡くなるとエリザベス1世に求婚したのです！　もちろん、この言葉どおりにエリザベス1世は求婚を断わり生涯独身を貫きます。

エリザベス1世は、フェリペ2世と結婚することで国際紛争に巻き込まれたくなかったからだとも言われていますが、一方でスペイン（カトリック）との戦争を戦っていたオランダのプロテスタントを陰で援助したり、政府公認で外国船への海賊行為を奨励したりもしていました。ここにも、カトリック対プロテスタントという対立構造が見てとれます。

「カトリック」スペインと「プロテスタント」イギリスの戦争

スペインは、プロテスタントの国となったイギリスに対する影響力を強めようと、イギリス国内にいるカトリックの信徒と一緒にエリザベス1世の暗殺を計画していました。これが発覚すると、1587年にエリザベス1世はスペインとの戦争に突入。翌年、イギリスは、フランスとイギリスとの間にあるドーバー海峡で、全力を尽くしてスペインの誇るアルマダ（無敵艦隊）を大破。

これを境に、スペインの海上における権力が没落していくことになる一方、イギリスの国際的地位が一気に高まりました。余談ですが、国内外とも絶頂期を迎えたエリザベス1世の絶対王政の時代に、シェークスピアが活躍しています。彼の作品が世界的に評価されることになった一因は、イギリスの隆盛にもあったのではないでしょうか。

オランダ独立戦争はなぜ起こったのか

エリザベス1世の治世は、オランダ独立戦争とほぼ同じ時期でした。この独立戦争の指導者が、オラニエ公ウィレム。英語読みであるオレンジ公ウィリアムの名前で勉強した人もいるかもしれませんね。

当時、スペインの支配下にあったネーデルラント（オランダとベルギー）は、フェリペ2世の時代になると、絶対王政による極端なカトリックの強要とプロテスタントに対する抑圧政策に苦しむようになりました。フェリペ2世は「異端者に君臨するより100回死んだほうがまし」と言うほどで、異端審問を強化してカトリックの信徒以外の弾圧を行いました。

これに立ち向かったのが、オレニエ公ウィレムをリーダーとするオランダです。ネーデルラントは、北部7州のオランダと南部10州のベルギーで構成されていましたが、カトリックの多かったベルギーは戦線から離脱する一方、プロテスタントを中心としたオランダは、1581年にネーデルラント連邦共和国樹立を宣言。

その後も戦いは続きましたが、オラニエ公ウィレムが過激なカトリック信徒に暗殺されると、前述のようにエリザベス1世がオランダのプロテスタントを陰で支援し、カトリック勢力に立ち向かっていきました。その直後にイギリスもスペインとの戦争に突入したわけです。

イギリスがオランダに援軍を派遣したのと同じ1585年に、スペイン軍がベルギーのアントウェルペン（アントワープ）を占領しました。アントウェルペンは、15世紀以降、中継貿易の拠点として栄えていた国際金融都市でしたが、スペインに占領されると、毛織物業者をはじめ多くの商人が北部オランダに亡命し、経済の中心としての座をアムステルダムに奪われてしまいます。

カトリックとプロテスタントの考え方の違い

なぜアントウェルペンの商人たちはオランダに亡命したのでしょうか。それは、カトリックとプロテスタントの考え方の違いに一因があります。

カトリックは、営利事業つまり商業活動を通じて利益を得ることを蔑視していました。金融業で利子をとることなども同様に考えていたので、結果的に金融関係でユダヤ人たちが活躍するようになったということはこれまでもお話ししてきましたよね。

一方、プロテスタントの教えは、特に商業活動の点でカトリックとは違うものでした。

ドイツの神学者ルターが始めた宗教改革は、贖宥状《しょくゆうじょう》で罪があがなわれるとか、俗人が聖職者の座について利権を得ようとしている、というような教会の腐敗を批判したものです。聖書の教えに立ち返ることこそが信仰であり、人は信仰によってのみ救われるという考えを主張しました。仕事に関しても、聖職に限らず、世俗の職業を神から与えられた天職として肯定しました。

フランスの宗教改革者カルヴァンは、ルターの考え方を基本に、さらに一歩進んだ「予定説」を唱えました。予定説は「人が救われるかどうかは、あらかじめ神が定めたもので、人知の及ばない（変えることのできない）ことである。しかし、自分は救われると信じることができる」という考え方です。

そのために、禁欲に努め、仕事に励み、その結果として社会生活での成功を手に入れることができたのなら、それは信仰の現れとして肯定されました。ここで言う成功には、金銭的な利益をあげること、つまり営利活動や蓄財をすることも含まれます。この考え方が商工業者に受け入れられ、このあとの資本主義社会の形成に影響を及ぼすことになるのです。カルヴァンの考え方を信じる人たちをカルヴァン派と呼びます。

ちなみにカルヴァン派の人たちのことを、オランダでは「ゴイセン」、フランスでは「ユグノー」と呼びました。ゴイセンは「乞食」、ユグノーは「同盟者」という意味で、いずれもカトリック側が侮蔑的に使った呼び名でした。また、イギリスでは「ピューリタン（清教徒）」と呼ばれました。これは、英国国教会の改革が不十分で、さらなる教義の純化を望んだからです。

さて、もうおわかりですね。極端なカトリックの考え方をもつフェリペ2世のスペインに占領されてしまったアントウェルペンでは、利益をあげることが蔑視され、これまでどおりの商業活動ができなくなってしまうので、商工業者たちがプロテスタント中心のオランダに逃げ出していったのです。

こうして歴史を振り返りながら、取材で訪れたチョコレート店の歴史を思い返すと、少なからず宗教的な影響があったことに今さらながら思い至りました。そうしたことについては、のちほどお話ししていきたいと思います。

オランダが東インド会社を設立

オランダと言えば風車、アムステルダムと言えば運河の町としても有名ですよね。オランダはオランダ語でNederland（英語ではNetherlands）と言い「低い土地」という意味です。国土の4分の1が海抜より低く、面積は日本の九州とほぼ同じくらいですが、大部分が干拓地です。干拓を始めた11世紀のころは、今の半分の面積しかありませんでした。

アムステルダムの運河は、ユネスコの世界文化遺産にも登録されています。実は、この運河が造られたきっかけは、17世紀はじめにスペインから独立を果たし、アムステルダムがアントウェルペンに代わって国際金融都市となったことでした。

ちょうどそのころ、オランダはオランダ東インド会社を設立して、東南アジアなどに進出し、日本とも貿易をするようになりました。東インド会社は世界初の株式会社でしたね。日本は江戸時代で鎖国下にありましたが、長崎の出島にオランダ商館がおかれ、ヨーロッパ唯一の交易相手国がオランダでした。アジアや中南米など世界各地から、オランダにモノも人も集まるようになり、移り住む人々も増えたため、住居の建設や交通、また防衛の意味でも運河を中心とした計画都市を造り上げていったのです。

チョコレートの四大発明と産業革命

こうしたオランダの歴史が、チョコレートの四大発明に寄与することになりました。チョコレートの四大発明は、次の4つを指します。

①チョコレートパウダー「ココア」の発明（オランダ）
②固形チョコレートの発明（イギリス）
③ミルクチョコレートの発明（スイス）

④ コンチング（精錬）の発明（スイス）

これまでお話ししてきた「飲むチョコレート」は、あくまでも薬の要素が強いものでした。味も今のチョコレートとは違い、苦味が強くてドロドロとした舌ざわりのものでした。

それが、劇的な変化を遂げるのが19世紀のころ。まずココアがオランダで発明されましたが、それは風車と国際都市という文化的、歴史的背景があってこそ、だったのです。

チョコレートパウダー「ココア」の発明

カカオをチョコレートにするための最初の工程は、焙煎《ばいせん》したカカオの実をすりつぶすこと。マヤ文明やアステカ文明の時代から「メターテ」という弓なりの形をした石のまな板の上に煎《い》ったカカオをのせ、石の棒を弓の形に沿わせるように置いて転がしてすりつぶしていました。

ちなみにフランスのバスク地方では、各家庭でこのメターテを使ってチョコレートを作っていた時代があり、今でも納屋などから見つかることがあるそうです。

オランダの風車は、干拓のために水をかき出すためだけでなく、風車の動力で石臼を使って小麦をひいて粉にすることなどにも利用していました。その技術と発想から、粉末のココアを発明したのが、オランダ人のバン・ホーテン父子です。

18世紀から19世紀にかけて、世界各地との貿易が盛んになった結果、オランダに入荷するカカオの量も増え、一般の市民にチョコレートを提供するカフェも増えました。需要が増えたので、手早くチョコレートを提供する必要が出てきたのです。

バン・ホーテンがココアの製造を始める

そこで、アムステルダムに、カカオを加工して売る業者が現れはじめました。

そのひとりが、カスパルス・バン・ホーテンです。カスパルスは、アムステルダムの運河沿いに小さな工場を構え、ライセンスを取ってココアの製造・販売を始めました。工場を始めた当初はまだ手作業でしたが、カカオ豆を焙煎して石臼で挽き、それを固めて売ったのです。カカオをお湯で溶かす前の状態にまで加工したのですね。

豆を挽いた状態のものをカカオマスと言います。カカオマスには油脂分が多く含まれていて飲みにくかったので、お湯に浮いた油脂分を取り除いたり、砂糖やシナモンなどの香辛料とともにトウモロコシの粉や卵などを混ぜたりして飲んでいました。想像しただけでも、まだまだ飲みにくそうですよね。

この油脂分を大幅に取り除くことに成功したのが、カスパルスの息子コンラート・バン・ホーテンでした。コンラートは、カカオマスをプレス機にかけて油脂分（ココアバター）を搾り出して半減させることに成功しました。油脂分が少なくなったカカオマスのかたまりを砕くと、粒子の細かいココアパウダーになります。バンホーテン社はこの製法の特許を取りました。

油脂分を取り除くことはできましたが、さらなる問題は、カカオに含まれるポリフェノール分が引き起こす渋みや苦味でした。これを軽減させるにはどうしたらいいのか。コンラートは、ポリフェノールの成分が酸性であることに着目し、これを中和させるために炭酸ナトリウムや炭酸カリウムといったアルカリ性の物質をココアパウダーに加えました。化学変化を利用した結果、水に溶けやすく、渋みや酸味なども軽減されてまろやかな味わいのココアパウダーを作ることに成功したのです。今も私たちがスーパーで見るバンホーテンのココアは、こうして生まれたのですね。

飲みやすく美味しくなったココアの需要は高まり、バンホーテン社は順調に売り上げを伸ばしていきました。運河沿いの小さな工場では対応しきれなくなったため、郊外に移転し、近代技術を取り入れた本格的な工場の運営に乗り出しました。

産業革命とココアの大量生産

ここで登場するのが、蒸気機関を利用した動力です。石臼でカカオ豆を挽く発想は、風車からきたものですが、小さな工場の中では手作業で石臼を動かしていたため、大量生産はできませんでした。しかし、イギリスの産業革命によって生み出された蒸気機関を動力とする技術は、工場の機械化を加速させ、ココアの大量生産を可能にしていったのです。

大量生産が可能になれば、売り上げを伸ばすことも目標となります。バンホーテン社は、トラム（路面電車）に広告を出したり、自社のロゴマークを作ったりといったマーケティング戦略をとり、時代の先端をいく企業へと成長していきました。19世紀の終わりには、パリ万国博覧会やシカゴ万国博覧会に自社の機械と製品を出品する機会を得ました。新しい技術開発が求められていたこの時代は、万国博覧会を開催する意義が非常に大きかったのですね。

さらに、工場の近くに住宅地を整備するなど、労働者のために働く環境を整えることにも着手しました。このような形で都市もチョコレート産業も発展を遂げていくことができたのは、ひとえにカトリックの支配から脱却して、カルヴァン派の思想が流入、浸透していったからにほかなりません。キリスト教の宗教改革は社会の変革にも大きな影響を与えたのです。

英国王チャールズ1世の専制政治

カカオを粉末にして飲みやすく改良したのがオランダなら、カカオを固めて食べるチョコレートを発明したのはイギリスでした。

イギリスがなぜ固形チョコレートを発明できたのでしょうか。そのためにまず、イギリスの歴史的背景を少しお話ししたいと思います。

イギリスで、最初にチョコレートを飲むようになったのは、17世紀のピューリタン革命の時代でした。

絶対王政を確立したエリザベス1世亡きあと、スコットランド王をイギリス王として迎え、同君連合という、2つの国を同じ君主が治める形をとりました。この国王がジェームズ1世。プロテスタントのカルヴァン派であるピューリタン（清教徒）やカトリックの信徒を弾圧した結果、ピルグリム＝ファーザーズ（清教徒の一団）のアメリカ大陸への移住を引き起こした人物です。

その息子チャールズ1世は父と同様に「王権神授説」を唱えて議会と対立しました。「王＝神」であり、王の権力は神から授けられた神聖不可侵なものだから、ローマ教皇にも神聖ローマ皇帝にも、誰にも干渉されない、というのです。初期の絶対王政を支えた思想でした。しかし、国王と対立した議会は、「権利の請願」を提出して国王の権力縮小を要求しました。議会が認めない課税や不当な逮捕などの停止を求めたのです。

チャールズ1世は、いったんこれを受け入れますが、すぐに議会を解散して専制政治を行いました。国王は議会を11年間も開かず、その間に英国国教会と密接な関係を築いていったので、国民の不満は募るばかりでした。

ピューリタン革命はなぜ起こったのか

ピューリタン革命の発端は、同君連合の国王として君臨していたスコットランドで反乱が起こったことでした。スコットランドにはカルヴァン派が多く住んでいましたが、英国国教会以外は認めてもらえず、英国国教会を強制したので反発が起こったのです。

そのうえ国王はこの反乱を鎮圧するための戦費やスコットランドへの賠償金など、かかった費用を税金でまかなおうとし、11年ぶりに議会を召集しました。しかし、議会がこれに反発したため、内戦となり、革命へと発展します。

リーダーのクロムウェルをはじめ、議会派にはピューリタンが多かったので、ピューリタン革命と呼ばれました。革命は、クロムウェルが指揮した鉄騎隊の活躍で勝利し、国王を処刑して共和政を敷くことで一応の決着をみました。17世紀半ばのことでした。

イギリスの貿易政策がスペインに打撃を与える

しかし、クロムウェルは護国卿《ごこくきょう》というイギリスの最高官職に就いて独裁政治を行ったため、しばしば議会との衝突があり、政情は不安定でした。一方でクロムウェルは、当時海洋貿易の中心だったオランダの勢いを抑えるために、オランダを中継せずに貿易を行う「航海法」を制定しました。イギリスは生産地と直接やり取りをすることになり、オランダは打撃を受け、これを境に海洋貿易の覇権がイギリスに移っていくことになりました。

「大航海時代」以降、ヨーロッパ各国は積極的に中南米に進出し、植民地の獲得と経営に励んでいました。イギリスはクロムウェルの時代に、スペイン人がカカオのプランテーション（大規模農場）を経営していたジャマイカを奪い取ります。その結果、ジャマイカはイギリスの植民地になり、カカオを直接輸入できることになりました。

ただ、ピューリタンは非常に禁欲的で道徳的だったため、チョコレートを売るお店はできましたが、薬としての性格が強く、贅沢品でもあったのであまり浸透しませんでした。クロムウェルの時代のあと、王政復古となると、ピューリタンに支配されていた時代の反動で、王室を中心にチョコレートが広まり、市民にも浸透していったのです。ただ、これはまだ飲むチョコレートで、レシピはフランスなどと同様のものでした。

平和主義のプロテスタント、クエーカー教徒

こうしたイギリス社会の流れの中で、固形のチョコレートを発明したのは、イギリス人のクエーカー教徒でした。クエーカー教徒とは、17世紀半ばにイギリスで誕生したプロテスタントの一派で、信仰には教会も牧師も儀式も不要だという考え方の人たちです。神と直接対話をし、身を震わせるほど熱心に祈って感動を覚えるという信仰の形をとるので、quakers《クエーカーズ》（震える人たち）と呼ばれました。

クロムウェルの時代が去り、王政復古となったとき、英国国教会ではないクエーカーの人たちもまた、弾圧の対象となりました。英国国教会は教会と儀式を重んじていましたが、クエーカーはそれを否定していたからです。クエーカー教徒が5人以上で集会を開いたら処罰されるといった法律も制定され、1年間におよそ4200人ものクエーカー教徒が投獄されたこともあったそうです。

米国に渡ったピューリタンのピルグリム＝ファーザーズはよく知られていますが、クエーカー教徒も米国東海岸に渡り、現在のニューヨーク州の南に位置するペンシルベニア州に移住し、ここを開拓しました。ペンシルベニア州のペンは、イギリス貴族でクエーカー教徒だった開拓者ウイリアム・ペンの名前が由来です。シルベニアは、「森の土地」という意味のラテン語からきています。

クエーカー教徒は、フレンド派とも言われ、徹底した平和主義をとります。開拓者のペンは、先住民に対しても同じ人間として接し、暴力をふるうことは決してありませんでした。自由な信仰と自由な経済活動を認めたので、ドイツやオランダなどからもプロテスタントの人たちが多数移住してきました。

ペンが建設したフィラデルフィアは、米国の独立宣言が採択された地としても有名で、独立宣言の際にはリバティ・ベル（自由の鐘）の音が響きわたりました。フィラデルフィアはギリシャ語で「兄弟愛」「友愛」などの意味があります。

たとえ徴兵されたとしても決して武器は持たないという徹底ぶりで、クエーカー教徒の団体は1947年にはノーベル平和賞を受賞しています。イギリス本国のクエーカー教徒たちも、18世紀半ばから黒人奴隷貿易を禁止する運動を展開し、19世紀はじめに実現させました。

日本人では『武士道』の著作や旧五千円札の肖像画でも知られる新渡戸稲造《にとべいなぞう》がクエーカー教徒でした。

クエーカー教徒が固形のチョコレートを発明

そんなクエーカー教徒とチョコレートは、どんな関係があるのでしょうか。

19世紀半ばに固形のチョコレートを発明したのは、ジョセフ・フライでした。フライ一家は、イギリスの西部に位置する港町ブリストルで薬局を経営していて、18世紀半ばには、薬としてのココアの製造を始めました。

その後、産業革命によって蒸気機関が動力として使用され、大型のプレス機を使って容易にカカオ豆を粉砕《ふんさい》できるようになると、ココアの大量生産が可能になりました。カカオ豆の加工は、オランダのバンホーテン社に代表されるように、油脂分を搾り取って粉末のココアを作り、お湯に溶かして飲むことが目的でした。

しかし、ジョセフの考えは全く逆の発想でした。焙煎したカカオ豆を粉砕しただけのカカオマスに、カカオバター（カカオの油脂分）を追加してみようと考えたのです。油脂分が多くなるとそれだけ多くの砂糖を溶かすことができます。さらにそれを攪拌《かくはん》して冷ますと、油脂分が固まって固形物になります。この状態だと型抜きも成型も簡単にでき、これが固形チョコレートの原点となりました。油脂分は冷めれば固まり、温めれば溶けだします。固めたチョコレートを口の中に入れれば、体温で溶けてなめらかな舌触りになる、というわけです。

ジョセフ・フライのほかに、この時期、イギリスを代表するチョコレート（ココア）店の経営者として挙げられるのが、キャドバリーとロウントリーです。いずれも良質のココアパウダーを開発、販売した店として有名ですが、この三者に共通しているのが、クエーカー教徒だったということ。

前述のように、クエーカー教徒は教会の存在や儀式を否定しているので、教会税である十分の一税の支払いを拒否していましたし、儀式を重んじる英国国教会の教義と相反する考え方のため、弾圧されてきました。公職や学校からも追放されたため、クエーカー教徒同士で集まって語り合い、協力し合って生活をしていました。

日常生活の中心に信仰があり、禁欲的で節約を旨とする人たちだったので、商工業に従事し、経済的に成功する人も多くいました。この点は、カルヴァン派の人たちとも共通する部分があります。フライ、キャドバリー、ロウントリーも信仰心に支えられて成功した人たちだったのです。

酪農大国スイスでミルクチョコレートが生まれる

突然ですが、ビターチョコとミルクチョコ、どちらがお好きですか？　最近では、カカオ分が70％以上のものが健康にいい、などとも言われていますが、口溶けがよくまろやかな味のミルクチョコレートは、やはり人気がありますよね。

ミルクチョコレートを開発したのは、酪農大国スイスです。スイスでも、19世紀のはじめには、ジュネーブにほど近いレマン湖のほとりにココア製造工場ができ、カカオ豆の加工技術の開発と機械の改良が進んでいました。

固形のチョコレート作りも行われるようになっていましたが、カカオ豆の種類によっては苦味が強く、固形にするとごまかしがきかなかったので、苦味や渋みなどをどう克服するかということが課題になっていました。それを解決したのが、ダニエル・ペーターとアンリ・ネスレです。ペーターの家業はろうそく製造、アンリ・ネスレは薬剤師で、近所に暮らす友人同士でした。

ネスレは研究熱心で、スイスの名産品である牛乳を加工することで、母乳の代替となる乳児用粉ミルクの開発に成功しました。ペーターはフランスのカカオ工場で働いた経験があり、ろうそくを作るかたわら、チョコレートの試作にも取り組んでいました。

美味しいチョコレート作りの一助となるのではないかと、ネスレはペーターに自身の粉ミルクを加えることを提案しました。ペーターもそれに応じましたが、粉ミルクだと口当たりが悪く、そもそものチョコレートの食感もザラつきがあったのでうまくいきませんでした。しかし、同じミルクでも、ネスレのライバル社が出しているコンデンスミルクを試しに加えると、なめらかな仕上がりになりました。コンデンスミルクはとろみのある液体ですから、粉よりもカカオになじみ、うまく混ざったのです。

ここにミルクチョコレートの原型が誕生しました。1876年のことです。そして、ネスレもコンデンスミルクを作ることにしたのです。ネスレは、今や世界規模の食品メーカーに成長したことは、皆さんも知るところですよね。

チョコレートをなめらかにする技術もスイス生まれ

カカオ豆を焙煎して粉砕したカカオマスにコンデンスミルクを加えても、油脂分と水分がうまく混ざらなかったら、なめらかで口当たりのいいチョコレートはできません。それを可能にしたのが、ロドルフ・リンツのコンチングの技術とコンチェの発明です。コンチングとは、チョコレートの材料を混ぜながら根気よく練り上げていく製法で、コンチェはそのための機械です。

そもそも、コンチングの技術は、偶然から生まれたものでした。2023年6月、ロドルフ・リンツの発明について、スイス・チューリッヒにあるリンツ本社を訪ね、お話を伺ってきました。

リンツ本社は、チューリッヒの中心部から車で15分ほどの緑豊かで閑静な地域にあります。近くにはチューリッヒ湖があり、鳥たちのさえずりがにぎやかに聞こえるような環境です。本社敷地内には、世界最大規模のチョコレート博物館があります。エントランスでは、高さ9メートルを超える「チョコレートの噴水」が出迎えてくれます。その迫力たるや、まさに圧巻で、建物中に甘いミルクチョコレートのいい匂いが広がり、全身がチョコレートで包まれるような感覚に陥ります。

インタビューしたのは、学芸部門の責任者シュテファン・シュナイダーさんと、ヨーロッパではテレビコマーシャルなどでも有名なメートル・ショコラティエのステファン・ブルーダラーさんです。シュナイダーさんには、リンツとチョコレートの歴史について、博物館の展示室にある、コンチングの機械（コンチェ）の前でお話を伺いました。

ロドルフ・リンツがコンチェを発明したのは、1879年。この発明は、チョコレート業界全体を大きく変える、革命のようなものでした。コンチェが発明される以前のチョコレートは、砂のようでギトギトした食感でした。口の中でなめらかな感触を味わうには、チョコレートを噛んで、さらに溶かさなければならなかったのですが、コンチェの発明によって、チョコレートは口の中で噛まずとも、滑《なめ》らかに溶けるようになったのです。

リンツはベルンにある2つの古い工場を買い取り、よりよいチョコレートを作る目的で実験をしました。彼は口溶けのよい、まろやかなチョコレートを作り出すために実験に実験を重ねましたが、しっとりしすぎたり、ココアバターが少なすぎたりして、なかなかうまくはいきませんでした。

ある金曜日のこと。神話のような話ですが、彼はコンチェのスイッチを切り忘れたらしいのです。3日後に研究室に戻り、機械が動いているのを見て、おおっ、しまった！　と思いました。しかし、3日間練り上げたチョコレートは口溶けがよく、なめらかに仕上がっていたのです！　最悪の事態を予想していましたが、最高の結果を得ることになったのです。このコンチング製法は、20年の間、彼だけで守り続けたといいます。誰にも正確に知られることなく、世界最高のチョコレートを作り上げたのです。

コンチングの工程は、美味しいチョコレートを作るうえでとても重要です。長い時間練り上げることによって、発酵工程で作られる酸や苦味の物質が蒸発し、よい香りが引き立ち、絶えず揉《も》んだり転がしたりすることでココアバターがコーティングされ、最も細かい砂糖とカカオの粒子がコーティングされて、流れるような、とろけるようなチョコレートができるのです。

戦争とチョコレート

チョコレートの作り方だけでなく、栄養学にも変化が訪れました。つまり、チョコレートは薬、媚薬や強壮剤としてだけでなく、人々が美味しく食べて楽しむものとして、子どもも食べてもいいものとして受け入れられるようになったのです。

ミルクチョコレートは、酪農大国スイスならではの悩みから生まれたものだといえます。19〜20世紀初頭の技術では、搾った乳は、そのままでは長期間保存ができませんでした。そこで、チョコレートに入れて加工することで、牛乳を消費し、しかも長期間保存が可能だということに気付いたのです。

スイスのチョコレートは、高品質で知られてきました。例えば、ミルクチョコレートは、アルプス山脈、緑豊かな牧草地、幸せそうな牛といった風景をマーケティングや広告に生かしてきたのです。

また、スイスが永世中立国だったことも、第一次、第二次世界大戦中でも途切れることなくチョコレートを生産し、貿易を行うことができた理由です。戦時中もカカオを手に入れることができたのです。

ちなみに戦時中は、チョコレートが兵士の貴重なエネルギー源となりました。

前述したイギリスのロウントリー社は、兵士へ配給する食品として、ビタミンを添加したチョコレートを製造しました。日本でも、第二次世界大戦中は、森永製菓や明治製菓（現在の明治）が軍からの要請でチョコレートを製造していました。

第7章

伝統とSDGsを大切にする 21世紀のチョコレート

起業家精神が花開いたチョコレートバレーの時代

19世紀のスイスは、チョコレートの製造にかかわる若者たちの間で、米国のシリコンバレーに似た革新と起業家精神が花開いたチョコレートバレーと言ってもいいような場所でした。ただ、新しいレシピを作るには、辛抱強く実験を重ねる必要がありました。チョコレート職人には、機械の設計者や製造者の役割を兼ねていた人も多かったといいます。

コンチングの技術を開発したロドルフ・リンツも、そんなチョコレート職人のひとりでした。リンツは、チューリッヒのチョコレート製造業者でチョコレート工場を拡大したばかりのヨハン・ルドルフ・シュプルングリー＝シファーリにコンチング技術を提供し、ともにチョコレートの生産向上に乗り出しました。現在の社名になっているリンツ&シュプルングリーは、このとき誕生したのです。

20世紀はじめには、リンツ&シュプルングリーをはじめ、スイスのチョコレート業界全体がミルクチョコレートとコンチング技術のおかげで国際的な成功をおさめるに至りました。１９１２年には、全世界のチョコレート輸出市場に占めるスイスのシェアは55％に及んだのです。

ＳＤＧｓとチョコレート「Bean to Bar」

チョコレート業界をめぐっては、カカオ生産地の児童労働なども問題視されてきました。しかし、ＳＤＧｓが叫ばれている昨今、この問題も徐々に解決の方向に向かっています。特に大手のチョコレート製造業者の場合、そんなことをしていたら企業としての倫理観と社会的責任が問われることになります。

最近は、農業プログラムをつくり、生産農家から輸入しているカカオを１００％追跡できるシステムを取り入れるところが多く、カカオの加工からチョコレートの製造・販売までを一貫して手掛ける「Bean to Bar（カカオ豆からチョコレートバーまで）」方式を採用しているところもあります。

カトリックの影響で家族経営が多いベルギー

日本で有名なベルギーのチョコレートといえば、ゴディバがありますよね。世界中に店舗を構え、味はもちろん、パッケージなども季節ごとに工夫をこらしたマーケティング戦略で世界を席巻《せっけん》したブランド、と言っても過言ではないでしょう。品質の安定した高級感のある商品を大量に提供することに成功した、現代におけるモデルケースです。

しかし、そもそもベルギーでは、地域の人たちに美味しいチョコレートを味わってほしいという思いで続けてきた家族経営のお店が大半です。

なぜだと思いますか？　カギとなるのは、スペインのフェリペ2世の時代、16世紀後半から17世紀はじめにかけてのオランダ独立戦争です。スペインの支配下にあったネーデルラント（オランダとベルギー）に対して、フェリペ2世がカトリックを強要する政策をとったため、オランダが立ち向かった戦いです。

このとき、北部のオランダにはプロテスタントが多かったのですが、南部のベルギーはカトリックが多かったので、ベルギーは戦線から離脱し、スペインの影響が残りました。中継貿易の港として栄えたアントウェルペン（アントワープ）は、スペイン軍に占領され、商人たちがオランダに亡命する事態となりました。そもそも、カトリックの考え方では、商売で利益をあげることが蔑視されていたので、ものを大量生産して売り、利益をあげることをよしとしない土地では、商売はやりにくかったのです。

そうした歴史の影響なのか、たとえ日本のデパ地下などに進出していて味に定評のあるチョコレートのブランドでも、ベルギーの首都ブリュッセルにある本店はこぢんまりとした店構えで、創業当初からの小さな工場が今だに店舗の裏手や地下にあって、そこで製造していたのです。

取材をしたお店をいくつかご紹介していきましょう。

薬局から始まった王室御用達ブランド「ノイハウス」

もう20年も前の話になりますが、私が初めてベルギーのブリュッセルを訪れたときに最も印象に残ったのが、美しいアーケード街のギャルリ・ロワイヤル・サンテュベールです。

ここは、19世紀半ばに造られたヨーロッパで最も古いアーケードで、全長約200メートルの両側にカフェやチョコレートショップ、ベルギーレースをはじめ伝統工芸品を扱うお店などが立ち並んでいます。その中に、薬局から始まったという王室御用達ブランドの店、ノイハウスがあります。

ノイハウスの創業は、1857年。現在の場所で開業しました。創業者は、ジャン・ノイハウス。もともとの姓は、イタリア語でカサ（家）・ノヴァ（新しい）といいましたが、スイスで医学を学ぶことになったので、現地語であるドイツ語に変更したそうです。ノイが新しい、ハウスが家ですね。学業を終えたジャンはブリュッセルに移り、この地に薬局をオープンしました。そして、店の地下で薬をチョコレートでコーティングして販売していたそうです。

薬局からスタートしたノイハウスでしたが、ある日ジャンの孫が彼に言いました。

「おじいさんはなぜ、まずい薬にチョコレートをかけるの？　ぼくが美味しいものをチョコレートでコーティングしよう」と。

この孫が、3代目にあたるジャン・ノイハウス・ジュニア。彼は言葉どおりに、ペースト状のナッツに砂糖を混ぜたクリームをチョコレートで包んだ「プラリネ」を生み出しました。さらに、一口サイズのチョコレート「ボンボンショコラ」も考案しました。

こうして美味しいチョコレートを開発したノイハウスは、チョコレートを贈る習慣も広めたといいます。クッキーやケーキなどの焼き菓子などと違い、美味しいチョコレートを自分で作ることは、まず不可能で（自宅で作るという場合、単にチョコレートを溶かして型に入れたり、トッピングをしたりするだけのことになるので）、チョコレートはプレゼントをしたり、買ってきたりして食べるものだということですね。

ジャン・ノイハウス・ジュニアの妻、ルイーズも優れたアイディアの持ち主でした。チョコレートを贈るときに、上品に美しく、しかもチョコレートが壊れにくいギフトボックスを考案しました。台形を逆さにしたような箱で「バロタン」と言います。今ではデザインも形も豊富になりましたが、100年前には画期的なことでした。特許を取らなかったので、今では多くのブランドがこの形の箱を採用しています。

古い工場でチョコレートを作り続ける「ヴィタメール」

本書の取材で大変お世話になったひとりが、フランス・パリでパティシエをなさっていた金澤理恵さん。今は子育てをしながら、ご自身のレシピをインスタグラムで紹介したり、通訳・観光ガイドをなさったりしています。チョコレートに関する知識や最新情報にも通じていて、パティシエ仲間からの情報をもとに、取材先の提案もしてくださいました。

そのひとつがヴィタメール。日本にも、大阪をはじめ、東京、横浜など多くの都市のデパートに店舗があり、私自身が大ファンのブランド。ブリュッセルの本店をわくわくしながら訪れました。

本店は、ブリュッセルの中心地、ブランドショップなどが立ち並ぶグラン・

サブロン広場に面した通り沿いにあります。ガラス張りで外からでも店内がよく見えます。チョコレートはもとより、ケーキや焼き菓子、ペストリー、アイスクリームが有名です。この地域で最も古いお菓子屋さんで、創業は１９１０年。ベルギー王室御用達の店のひとつで、１９９９年の皇太子の結婚式の際には、デザートを任されたそうです。

２０２１年に創業者の孫が亡くなってから、３人のオーナーが共同経営する形になりました。そもそもの創業者アンリ・ヴィタメールとその妻マリーは、近所の人たちのために店を開きたいという気持ちで始めたので、伝統の味を守り続けてきている一方、新たな経営陣からは、時代に合わせた改革の必要性があるという声があがっていました。

そこで白羽の矢が立ったのが、インタビューに答えてくださったエグゼクティブ・ペストリーシェフのレイラ・ベン・トゥミさん。生産現場の責任者です。取材でお会いしたときには、まだ就任して1年ほどしか経っておらず、伝統の中にも新しい風を吹かせようと試行錯誤を重ねていました。

伝統を受け継ぐ商品のラインナップがヴィタメールの特徴。チョコレートでいえば、「サンバ」が有名で、ほろ苦いビターチョコレートムースでミルクチョコレートムースを包んだチョコレートケーキですが、これまで円筒形をしていたサンバを細長い長方形に変えてみたり、トロピカルフルーツをはじめフレッシュな素材を入れてみたりと、小さな改革から進めていたところでした。

「少しでも変化があると、昔からのお客様から『変わったでしょう?』というお声をいただきます。でもそれは、悪い意味ではなく、9割以上は好意的なご意見です。ただ、残り1割の人はそうではないわけですから、最初の半年は様子を見ながら、恐る恐るという面もありました」(レイラさん)

チョコレートをはじめケーキやパンなどの商品を作っているのは、店の裏手にある小さな工場。しかも、創業当時の場所で運営していて、継ぎ足しながら工場を拡張してきたので、木の床はギシギシと音を立て、まるで迷路のようなつくりでした。日本のデパートで売っている憧れのお菓子が、こんなに狭くて古い工場の中から生まれていることを知ったら、特別であって特別ではない気がしてきて、身近な温かさを感じました。

Bean to Barを実践する「ブノワ・ニアン」

ヴィタメールで修業をしたあと、自身のお店を構えた、という人たちの話をあちこちで聞きました。そのひとりがブノワ・ニアンさん。前述の金澤さんのパティシエ仲間が口をそろえて「いま旬のショコラティエは、ベルギーのブノワ・ニアンさん！　彼のチョコレートは間違いなく美味しい！」とイチオシだと言います。

ブノワさんは、大学を卒業してエンジニアになりましたが、その仕事を続けるつもりはありませんでした。大学時代に知り合い、銀行に勤めていた妻のアンさんとともに、チョコレートのアトリエ（工場）を持つことを目標にしていました。7年間働いて資金をため、先にブノワさんが仕事を辞めて、無給でいいからと修業させてもらったのが、ヴィタメールでした。

一通りの経験を積んだブノワさんは、修業が2年目に入った段階で、自宅ガレージに機械を持ち込み、チョコレート作りを始めました。身内や近所の人たちに試食してもらって、美味しいと言われても、仕事として通用するかはわからない。そこでプロのアドバイスをもらいたいと自作のチョコレートをミシュランで評価を受けたレストランに持ち込みました。「自信はあった」とブノワさんは言いますが、まさかいきなりその店に「うちにチョコレートを入れてくれ」と言われるとは思ってもみなかったと言います。自信が確信に変わった瞬間でした。

確かな手ごたえを感じたブノワさん。修業時代を支えてくれた妻も仕事を辞め、ふたりで貯めた資金をもとに、世界中を旅してまわりました。目的は、良質のカカオを探すこと。世界中のカカオ農園を訪ねてまわり、個別に契約をしていきました。それだけでなく、2015年からは南米ペルーで自身のカカオ農園をもち、2022年に初めての収穫を行ったそうです。

ブノワさんには、さらなるこだわりがいくつかあります。

一か所の農園で収穫したカカオで（他の農園のものとは混ぜずに）チョコレ

ートを作ること。雑味がなく、ピュアなチョコレートを作るには、単一農園、単一品種で作ることは譲れないポイントです。

そして、エンジニアだったブノワさんは、カカオを焙煎《ばいせん》したり挽《ひ》いたりする機械にも強いこだわりがあり、文献を調べあげた結果、現在は製造されていないドイツ製の機械が最適だという結論に達しました。中古品やコピー品が手に入ったので、アトリエが完成する前に2台入手したそうです。

「そもそもが、畑違いの場所からスタートしていますから、従来のやり方にとらわれず、自分のやりたいことを貫くために独自の方法を考えたり、実践したりが可能だったんだと思います」（ブノワさん）

チョコレート店を営む職人の8割以上は、できたチョコレートを仕入れて、独自の味やデザインに加工するというやり方をとっています。「それがよくないというわけでは全くない」とブノワさんも言います。

ブノワさんのこだわりは、まだあります。地元リエージュの人たちに楽しんでもらえるお店、というポリシーをもち、評判が高くなっても、ブリュッセル中心部にはお店を構えたくないと言います。それでも、人気があるので、ブリュッセルの住宅街に店舗を構えました。

そして、2023年9月、日本の銀座4丁目に初めて出店しました。海外1号店です。東京のど真ん中に出店するなんて、ブノワさんのポリシーに合わないのではないかと心配をしたのですが、日本が大好きだというブノワさんご夫妻は、熟慮した結果、納得してここに店を構えました。

オープニングセレモニーに私も出席し、ご夫妻に話を伺いました。苦労も多かったのではないか、と。

「朝、目が覚めて、また楽しいことが待っていると思うと、わくわくした気持ちしかありません。自分が好きなこと、やりたいことを貫いているんですから。そして、私たち夫婦は、一緒にいつも何かをやっていけることが楽しくて、嬉しくて、幸せなんです。これからも一緒にカカオ農園をまわり、自分たちの農園でもカカオを育てながら、美味しいチョコレート作りに邁進していきます」

銀座にお出かけの際は、ぜひブノワさんのお店をのぞいてみてくださいね。

地元で愛される家族経営の店「デルレイ」

スペインに占領された歴史をもつベルギーのアントウェルペン（アントワープ）。中継貿易の町として栄え、日本では「フランダースの犬」の町としても知られています。

アントウェルペンには、ベルギー政府主導のダイヤモンドのギルドがあり、研磨済みダイヤモンドと原石の取引量は世界最大、およそ8割のダイヤモンドがアントウェルペンを経由して各国に輸出されています。このダイヤモンドビジネスとかかわっているユダヤ人コミュニティも存在するそうです。

アントウェルペン中央駅を出ると、通りにはダイヤモンドのお店がズラリと軒を連ねています。その途中で左に曲がると、デルレイという名前のチョコレートショップがあります。ウインドウには、この地でよく食べられている「小エビのトマト詰め」とベルギー名物「フリッツ（フライドポテト）」をかたどったチョコレートが飾られていました。

デルレイの看板商品が「ダイヤモンド」。まさに美しくカットしたダイヤモンドを模したボンボンショコラです。この店のオーナー、ベルナール・フルートさんは、パティシエの家庭に生まれ、この店で修業を積んだあと、パリのルノートルやブリュッセルのヴィタメールで修業をし、また故郷に戻ってきました。そして、ショコラティエとして復帰。同僚だったアンヌさんと結婚して、この店を切り盛りしてきました。現在は、娘さんと息子さんも加わって4人でチョコレートをはじめとした商品を手掛け、販売しています。

商品は今も、店の裏手と上階にある工場で作っていますが、レーザーカッターなど、最新鋭の機器も取り揃えて、美しさと美味しさを追求したチョコレートづくりにこだわっています。

日本でも銀座や横浜に出店していますので、ご存じの方も多いかもしれませんね。

オーストリア皇妃エリザベートも愛した「ジェルボー」

最後に紹介するのはオーストリア皇妃エリザベートも通ったハンガリーの

「ジェルボー」です。エリザベートは、現在のドイツ・バイエルン地方の出身で、オーストリア皇妃になる予定などなかった女性です。姉の縁談に同席していた彼女を見初《みそ》めたのが、ハプスブルク家のフランツ・ヨーゼフ1世。のちにオーストリア皇帝となり、第一次世界大戦の開戦にもかかわった人物でした。

自由奔放な性格だったエリザベートは、ウィーンの宮廷生活が窮屈で、夫を置いてしばしば旅に出ていました。そんな中で気に入ったのが、自然豊かで素朴な人柄のマジャール人の国ハンガリー。当時のハンガリーは自治が認められておらず、ハプスブルク家が統治するオーストリア帝国からの独立を切望していました。

オーストリアもトルコとの戦争に敗れて弱体化しつつあったので、エリザベートの尽力で、オーストリア・ハンガリー二重帝国が実現。ハンガリーは、事実上の独立を果たし、自治が認められました。フランツ・ヨーゼフとエリザベートは、2つの国の皇帝と皇妃、王と王妃を兼ねることとなったのです。

そんなハンガリーには、オーストリアから様々な文化が流入してきました。

そのひとつがスイーツです。今もブダペスト中心部に残るカフェ・ジェルボーには、当時から作られてきた伝統のチョコレートがいくつかあります。

薄く細長い形をしたチョコレート「猫の舌」や、エリザベートが好きだったチョコレートケーキ「ドボシュトルタ」のほか、門外不出のレシピを誇るのが「コニャック・チェリー」。自社農園で育てたハンガリー名産のサクランボを、毎年6月に社員総出で収穫し、コニャックに漬け込んで、1年がかりで作り上げるものです。仕上げにチョコレートをかけ、金色の紙に包んで化粧箱に詰めます。

エリザベートといえば、シシィの愛称でも知られ、頑なまでに美を追求し、最後はスイスで暗殺されてしまうという非業《ひごう》の死をとげた人でした。一方で、ハンガリーの独立を助け、豊かな文化をもたらしたエリザベートは、オーストリア以上にハンガリー国民にとっての英雄で、今でも愛され続けています。エリザベートの名を冠した通りや橋の名前も多く、あちこちの公園に、エリザベート像が建てられています。

２つの世界大戦のあと、ハンガリーはソ連側の社会主義国となり、不自由な生活を余儀なくされた時代もありました。それでも、伝統の味を守り続け、コロナ禍になるまでは店を閉めたことがなかったといいます。戦禍のさなかには、カフェの中まで馬に乗った兵士が入り込んできたこともあったそうですが、それでも伝統の味を守り続けたのは、やはりチョコレートが魅惑の味だったからかもしれません。

コラム　リンツの博物館でチョコレート作りに挑戦！

スイスのリンツのチョコレート博物館では、カカオの割合や風味の違うチョコレートの味比べや試食をすることができます。固める前のとろみのある状態のチョコレートを一口分スプーンですくって味見ができるのです。

また看板商品のミルクチョコレート「リンドール」の試食もできます。リンドールは、一口で食べるにはちょっと大きいかな？　と思うサイズの球形のミルクチョコレート。リンドールは、「リンツ」と、フランス語で金《きん》を意味する「オール」を組み合わせた名前で、日本でも大人気の商品のひとつです。

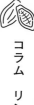

博物館では、実際にチョコレートを作ることもできます。私も、メートル・ショコラティエのステファン・ブルーダラーさんにお話を伺いながら、チョコレート作りに挑戦しました。

作るといっても、チョコレートを型に流し込み、ドライフルーツやナッツなど、好きな具材をトッピングするだけなのですが、型に流し込むのがなんと難しいことか！　たいていの人は、型からはみ出してしまったりして、手やテーブルを汚してしまうそうです（自慢するようで恐縮ですが、実は私、チョコレートをきれいに型に流し込むことができて、すごくほめていただきました笑）。トッピングも、レーズンやピスタチオ、グラニュー糖をまぶしたアーモンド、それにレッドペッパーなど、何でもＯＫだそうです。そう考えると、メソアメリカの時代から現代にいたるまで、チョコレートの味は変幻自在。どんな味にも合うことに改めてチョコレートの魅力の深さを感じました。

指導してくださったブルーダラーさんは、当たり前ですが研究熱心で、日夜チョコレートのことを考えているそうです。よく旅に出るそうで、できるだけ多くの食材やフレーバー、フルーツやスパイスを試すとのこと。新しいものとの出会いは、新しいレシピを考案するときに、日々の仕事に、インスピレーションを与えてくれるのですね。また一日に何度もチョコレートを口にするので、ブルーダラーさんだけでなく、リンツで働いている人たちは、カロリーを気にして、朝昼の食事はサラダだけという日も多いそうです。

おわりに

ふとコンビニエンスストアに立ち寄ったとき、ついチョコレート菓子に手が伸びてしまう……きっと私だけではないと思います。ここまで、メソアメリカから始まったカカオとチョコレートの歴史を見てきましたが、美味しいチョコレートの登場までには、長い年月と技術の進歩が不可欠でした。

そして、皮肉なことに、キリスト教のカトリックとプロテスタントの対立や、ユダヤ教をはじめキリスト教以外の宗教が「異端」として迫害された歴史があったからこそ、チョコレートを加工する技術が各地に広まっていったのです。

チョコレートを最初に扱ったのは薬剤師や薬局でしたし、イギリスの産業革命に始まる技術革新がなければ、私たちは甘くてまろやかなチョコレートに出会えなかったかもしれません。

取材では、最先端のIT技術を使って、数ミリ単位の薄くて小さな四角いチョコレートの間にジャムをはさみこみ、個包装する様子なども見学しました。人の手はほぼ不要と言って過言ではなく、機械の周囲にも飛び散ったチョコレートなどは見当たりませんでした。

一方、機械ひとつとっても強いこだわりをもって選んでいるショコラティエ（チョコレート職人）の方もいました。カカオ豆の風味を最大限に引き出すためには、19世紀に作られた粉砕機が一番だと言うのです。古くて巨大な機械に合わせてアトリエ（工房）を造り、カカオ豆のために環境を整えるこだわりようです。スイスにはシリコンバレーならぬチョコレートバレーが登場したと言うほど、機械工学や技術革新と切っても切れない関係にあるのが、またチョコレート作りなのだとしみじみ思いました。

日本にチョコレートが入ってきたのは、16世紀から17世紀にかけて、日本がスペインやポルトガルと南蛮貿易を行っていたころのようです。江戸時代中期(18世紀)に、西川如見《じょけん》が著した『長崎夜話草《ながさきやわぐさ》』には、鎖国体制に入る前の日本の対外関係史が詳しく書き表されていて、そこに登場する南蛮菓子——カステイラ、ボーロ、コンペイト、ビスカウト——などとともに「チチラアト」とあり、これがカカオを使ったチョコレートの類《たぐい》だったのではないかと推察されています。

また、17世紀はじめに仙台藩主伊達政宗の家臣、支倉常長《はせくらつねなが》が、政宗の「キリシタン王」叙任や正式な通商関係を結ぶために、太平洋を渡ってメキシコ経由でヨーロッパに行った際にも、チョコレートを口にしたのではないか、などと言われています。支倉常長自身は洗礼を受けることができましたが、通商などほかの目的は果たすことができず、スペインでは国外追放されてしまったので、事実のほどは定かではありません。

明治期以降、日本にもヨーロッパからチョコレートが輸入されるようになりました。もちろん、高価なぜいたく品で居留地にいる外国人や海外派遣から帰国した人など特権階級の人たちのものでした。それでも、鎖国が解かれて西洋のものが入ってきたときの衝撃は、今の私たちの想像をはるかに超えるものだったでしょう。

1872（明治5）年、米津《よねづ》松造《まつぞう》なる人物が、米津凮月堂《ふうげつどう》という菓子店を開業。横浜の外国人居留地に足を運んで、珍しい食べ物を見つけては、試作品を作っていたそうです。日本で初めてチョコレートを作ったのも、彼です。当時の凮月堂の広告には「貯古齢糖《ちょこれいとう》」という文字が記されていました。

明治末期から大正はじめに、チョコレートの製造販売を実現させた森永商店（現在の森永製菓）や薬品部門をもつ明治製菓（現在の明治）などにより、日本製のチョコレートも販売されるようになりました。もっぱら軍向けに生産されていた太平洋戦争を経て、1950年にはチョコレートの製造を再開。

1960年に、カカオバターとカカオ豆の輸入が自由化されると、さまざまなチョコレートやチョコレート菓子が日本人の暮らしに広がっていきました。

私は、1964年、昭和の東京オリンピックが開催された年に生まれましたが、幼いころからチョコレートは身近にあり、その種類がどんどん増えていったように思います。当時誕生したものの多くは、今も手に入りますし、味もパッケージも進化してオシャレになっています。だからつい手に取ってしまいますが、いつ食べても日本のチョコレートやチョコレート菓子は美味しいです。

美味しい、といえば、チョコレートも作りたての味は格別です！　取材で試食させてもらいましたが、同じ商品を日本に持ち帰って食べたときと比べると、その美味しさの違いがよくわかります。ベルギーのチョコレート店が、地元の人々に美味しく味わってもらうために作っていると言うのも頷《うなず》ける話です。チョコレートに限らず、クッキーなどの焼き菓子も「量り売り」や1個単位で買うことができるのがヨーロッパの文化。常にできたてのものを買いに行ける手軽さがあり、町のお店が身近なものであることをしみじみと感じました。

本書を書くにあたっては、フランス、ベルギー、ハンガリーなどにたびたび足を運び、老舗《しにせ》のチョコレート店や博物館などを中心に取材を重ねました。チョコレートをめぐる興味深い話はまだまだたくさんあって、一度に書ききることができませんでした。ご協力いただいた方のお名前やお店の情報などを巻末に掲載させていただきました。

歴史を語る軸にチョコレートを据えてほしい、という提案をしてくださったポプラ社の近藤純さん。いつも敏腕編集者として私の伴走をしてくださる創造社の笠原仁子さん。おふたりの心強いサポートがあったからこそ、本書を書き上げることができました。歴史をもう一度、チョコレートを通して別の角度から振り返ったことは、私にとっても非常に勉強になりました。お世話になったすべての皆さまに、この場を借りてお礼申し上げます。

国際情勢が不安定になり、痛ましいニュースを目にする機会も増えました。本書が、その背景にある問題を理解する一助となりますように。紛争に苦しむ人々が、安心してチョコレートをほおばり、笑顔になれる日が来ますように。

2024年1月　　　　ジャーナリスト　増田ユリヤ

参考・引用文献

・『増補新版　図説　フランスの歴史』佐々木真（河出書房新社・2016）
・『詳説世界史研究　改訂版』木下康彦＋木村靖二＋吉田寅編（山川出版社・2008）
・『キリスト教の歴史1　初期キリスト教～宗教改革』松本宣郎編（山川出版社・2009）
・『キリスト教の歴史2　宗教改革以降』高柳俊一＋松本宣郎編（山川出版社・2009）
・『聖書　和英対照』新共同訳（日本聖書協会・2004）
・『現代バスクを知るための60章　第2版』萩尾生＋吉田浩美編著（明石書店・2023）
・『チョコレートの本』ティータイム・ブックス編集部編（晶文社・1998）
・『え？　マヤのピラミッドは真っ赤だったんですか⁉　知られざるマヤ文明ライフ』譽田亜紀子（誠文堂新光社・2023）
・『コロンブス提督伝』エルナンド・コロン著　吉井善作訳（朝日新聞社・1992）
・『図説　十字軍』櫻井康人（河出書房新社・2019）
・『十字軍と地中海世界』太田敬子（山川出版社・2011）
・『サラディン　イェルサレム奪回』松田俊道（山川出版社・2015）
・『奇跡の少女ジャンヌ・ダルク』レジーヌ・ペルヌー著　遠藤ゆかり訳　塚本哲也監修（創元社・2002）
・『増補新版　図説　イギリスの歴史』指昭博（河出書房新社・2015）
・『チョコレート・タウン　〈食〉が拓いた近代都市』片木篤（名古屋大学出版会・2023）
・『図説　世界史を変えた50の食物』ビル・プライス著　井上廣美訳（原書房・2015）
・『チョコレート検定　公式テキスト　2023年版』株式会社明治＋チョコレート検定委員会監修（Gakken・2023）
・『お菓子でたどるフランス史』池上俊一（岩波ジュニア新書・2013）
・『小説家のメニュー』開高健（中公文庫・1995）
・『マリア・テレジアとヨーゼフ2世　ハプスブルク、栄光の立役者』稲野強（山川出版社・2014）

・『ルイ14世とリシュリュー　絶対王政をつくった君主と宰相』林田伸一（山川出版社・2016）
・『新装版　世界史のための人名辞典』水村光男編著（山川出版社・2014）
・『世界史用語集　改訂版　アプリ付き』全国歴史教育研究協議会編（山川出版社・2022）
・『NHKカルチャーラジオ　聖地エルサレムの歴史』笈川博一（NHK出版・2014）
・『チョコレートの手引』蕪木祐介（雷鳥社・2016）
・『チョコレートの文化誌』八杉佳穂（世界思想社・2004）
・『ものがたり宗教史』浅野典夫（ちくまプリマー新書・2009）
・『寛容についての手紙』ジョン・ロック著　加藤節＋李静和訳（岩波文庫・2018）
・『チョコレートの散歩道　魅惑の味のルーツを求めて』佐藤清隆（エレガントライフ・2013）
・『カカオとチョコレートのサイエンス・ロマン　神の食べ物の不思議』佐藤清隆＋古谷野哲夫（幸書房・2011）
・『ハプスブルク家』江村洋（講談社現代新書・1990）
・『チョコレートの歴史』ソフィー・D・コウ＋マイケル・D・コウ著　樋口幸子訳（河出文庫・2017）
・『チョコレートの真実〔EPUB版〕』キャロル・オフ著　北村陽子訳（英治出版・2015）
・『インディアスの破壊についての簡潔な報告〔電子書籍版〕』ラス・カサス著　染田秀藤訳（岩波文庫・2016）
・『コロンブス　全航海の報告〔電子書籍版〕』林屋永吉訳（岩波文庫・2018）
・『〔小学館eBooks〕小学館版　学習まんが人物館　コロンブス』青木康征監修　みやぞえ郁雄まんが　佐口賢作シナリオ（小学館・2018）
・『物語　チェコの歴史　森と高原と古城の国』薩摩秀登（中公新書・2006）
・『異端審問』渡邊昌美（講談社学術文庫・2021）
・『魔女狩り　西欧の三つの近代化』黒川正剛（講談社選書メチエ・2014）
・『ヴァロワ朝　フランス王朝史2』佐藤賢一（講談社現代新書・2014）
・『ブルボン朝　フランス王朝史3』佐藤賢一（講談社現代新書・2019）
・『ハプスブルク帝国』岩﨑周一（講談社現代新書・2017）

・『王の綽名』佐藤賢一（日経ＢＰ　日本経済新聞出版・２０２３）
・『チョコレートの世界史　近代ヨーロッパが磨き上げた褐色の宝石』武田尚子（中公新書・２０１０）
・『砂糖の世界史』川北稔（岩波ジュニア新書・１９９６）
・『チョコレートの歴史物語』サラ・モス＋アレクサンダー・バデノック著　堤理華訳（原書房・２０１３）
・『高等学校　世界史探究』秋田茂ほか（第一学習社・２０２３）
・『詳説世界史』木村靖二ほか（山川出版社・２０２３）
・『グローバルワイド　最新世界史図表』（改訂29版）第一学習社編集部編（第一学習社・２０２３）
・『ホーフブルク王宮　皇帝の部屋　シシィ博物館　王宮銀器・食卓調度コレクション』（パンフレット）
・『シェーンブルン宮殿ガイド　宮殿と庭園を訪ねて』（パンフレット）
・『THE TEMPTATION OF CHOCOLATE』Jacques Mercier（Lannoo Publishers・２００８）

取材協力（敬称略 順不同）

・Académie du Chocolat de Bayonne（バイヨンヌ・チョコレート・アカデミー）www.chocolatdebayonne.fr
（フランス バスク バイヨンヌ）
CARRÈRE Jean Paul（チョコレートアカデミー会長）
Martine BOURDEAU（フランス バスク　料理研究家）
Rie KANAZAWA　www.tresbonparis.com/
（フランス パリ　観光アテンドコーディネーター）

・日本ハンガリーメディアート mediabridge.hu/ja/
（ベルギー／スイス／ハンガリー）
武田友里（リサーチ）
ヴィダ三月（通訳）
武田アッティラ（撮影）

・Gerbeaud（ジェルボー）www.gerbeaud.hu
（ハンガリー ブダペスト）
Niszkács Anna（社長）
Erna Apró（チョコレート工場マネージャー）

・Magyar Kereskedelmi és Vendéglátóipari Múzeum（ハンガリー貿易・観光博物館）
Balogh Ádám（歴史家・博物館学者）
Molnár Gyöngy （美術史家）

・LINDT＆SPRÜNGLI（リンツ＆シュプルングリー）
（スイス本社）www.lindt-spruengli.com
Rahel Zickler（Head of Group Communications）
Stefan Bruderer（Lindt Maître Chocolatier）
（リンツ＆シュプルングリージャパン株式会社）www.lindt.jp
福本千秋（代表取締役社長）
小松花（マーケティング シニアマネージャー）
有馬るみな（マーケティング ブランドコミュニケーション）

・BENOÎT NIHANT（ブノワ・ニアン）www.benoitnihant.be
（ベルギー リエージュ／日本 銀座）

・株式会社カネカ
（ブノワ・ニアン取材）

・NEUHAUS（ノイハウス）www.neuhauschocolates.be
（ベルギー ブリュッセル本店）
Philip Geeraert（Asia Director）

・Wittamer（ヴィタメール）www.wittamer.com
（ベルギー ブリュッセル本店）
Leila Ben Toumi（シェフパティシエ）※取材時

・DelRaY（デルレイ）www.delrey.be
（ベルギー アントワープ本店）
Bernard Proot（オーナー）

・Yasushi Sasaki　www.patisserie-sasaki.be
（ベルギー ブリュッセル）
佐々木靖（オーナーパティシエ）
※グルメガイドGault&Millau（ゴ・エ・ミヨ）Chocolatier of the year2024　最優秀賞受賞

デザイン（カバー・図表）bookwall
本文写真　増田ユリヤ
地図　岩田里香
校正　斎藤覚
DTP　株式会社三協美術
編集協力　笠原仁子

増田ユリヤ

ますだ・ゆりや

1964年、神奈川県生まれ。27年にわたり、高校で世界史・日本史・現代社会を教えながら、NHKラジオ・テレビのリポーターを務めた。テレビ朝日系列「大下容子ワイド！スクランブル」でコメンテーターとして活躍。著書に『揺れる移民大国フランス』『世界を救うmRNAワクチンの開発者カタリン・カリコ』など多数ある。また池上彰氏との共著に『歴史と宗教がわかる！世界の歩き方』などがある。「池上彰と増田ユリヤのYouTube学園」でもニュースや歴史をわかりやすく解説している。

＊本書の取材の様子は「池上彰と増田ユリヤのYouTube学園」でもご覧いただけます。

ポプラ新書
253
チョコレートで読み解く世界史
2024年1月29日 第1刷発行

著者
増田ユリヤ
発行者
千葉均
編集
近藤純
発行所
株式会社 ポプラ社
〒102-8519 東京都千代田区麹町 4-2-6
一般書ホームページ www.webasta.jp
ブックデザイン
鈴木成一デザイン室
印刷・製本
図書印刷株式会社

N.D.C.209 ／ 222P ／ 18cm ISBN978-4-591-18030-3

P8201253

生きるとは共に未来を語ること　共に希望を語ること

昭和二十二年、ポプラ社は、戦後の荒廃した東京の焼け跡を目のあたりにし、次の世代の日本を創るべき子どもたちが、ポプラ（白楊）の樹のように、まっすぐにすくすくと成長することを願って、児童図書専門出版社として創業いたしました。

創業以来、すでに六十六年の歳月が経ち、何人たりとも予測できない不透明な世界が出現してしまいました。

この未曾有の混迷と閉塞感におおいつくされた日本の現状を鑑みるにつけ、私どもは出版人としていかなる国家像、いかなる日本人像、そしてグローバル化しボーダレス化した世界的状況の裡で、いかなる人類像を創造しなければならないかという、大命題に応えるべく、強靭な志をもち、共に未来を語り共に希望を語りあえる状況を創ることこそ、私どもに課せられた最大の使命だと考えます。

ポプラ社は創業の原点にもどり、人々がすこやかにすくすくと、生きる喜びを感じられる世界を実現させることに希いと祈りをこめて、ここにポプラ新書を創刊するものです。

未来への挑戦！

平成二十五年　九月吉日　　株式会社ポプラ社